U0504551

湖北思想库学术创新项目(HBSXK2024002)成果

华中科技大学文科"双一流"建设项目基金资助

真理的力量

岳奎 著

上海三联书店

前　言

　　一个民族要走在时代前列,就一刻不能没有理论思维,一刻不能没有正确思想指引。中国共产党为什么能,中国特色社会主义为什么好,归根到底是马克思主义行,是中国化时代化的马克思主义行。

　　马克思主义是随着时代、实践和科学的发展而不断发展、开放的理论体系。我们党之所以能够领导人民在一次次求索、一次次挫折、一次次开拓中完成中国其他各种政治力量不可能完成的艰巨任务,一个重要原因在于,不断推进马克思主义中国化时代化,不断实现党的指导思想的与时俱进,并善于运用新的理论指导新的实践。毛泽东思想、邓小平理论、"三个代表"重要思想、科学发展观,我们党用马克思主义中国化时代化的科学理论引领中国实践并取得举世瞩目的历史性成就。

　　马克思主义从来不是束之高阁的学问,而是实践的科学理论、行动的管用思想,立足时代之基,回答时代之问,引领时代之变。党的十八大以来,以习近平同志为核心的党中央,坚持把马克思主义基本原理同中国具体实际相结合、同中华优秀传统文化相结合,深刻总结并充分运用党成立以来的历史经验,从新的实际出发,科学回答中国之问、世界之问、人民之问、时代之问,创立了习近平新时代中国特色社会主义思想,实现了马克思主义中国化时代化新的飞跃。事实证明，马克思主义是我们立党立国、兴党兴国的根本指导思想。历史和人民选择马克思主义是完全正确的，中国共产党把马克思主义写在自己的旗帜上是完全正确的，坚持不懈推进马克思主义中国化时代化是完全正确的。

马克思主义作为科学真理，只有为人们所普遍认同，才能成为真诚持久的信仰；马克思主义作为实践的理论，只有为人民群众所掌握，才能转化为强大的物质力量。本书撷取的是党的十八大以来，党的创新理论在中华大地上生动实践案例中总结出的通俗短文。内容涵盖马克思主义中国化时代问题、党史学习教育、举世瞩目的脱贫攻坚实践、党的建设、国家治理体系和治理能力现代化、中国式现代化、弘扬伟大建党精神等，力图用生动的语言诠释党的最新理论，推动党的创新理论"飞入寻常百姓家"。当然，党的创新理论是一个博大精深的理论体系，也是在持续学习过程中不断深化、领悟和内化的过程。

习近平总书记在党的二十大报告中，就开辟马克思主义中国化时代化新境界提出一系列新思想新观点新要求，为新时代不断推进党的理论创新、谱写马克思主义中国化时代化新篇章指明了方向。习近平新时代中国特色社会主义思想作为最新的中国化时代化的马克思主义理论，在实践中必将进一步展现其伟大力量，同时新的伟大实践也将进一步丰富习近平新时代中国特色社会主义思想。

以科学的态度对待科学、以真理的精神追求真理。我们党的历史，就是一部不断推进马克思主义中国化时代化的历史，就是一部不断推进理论创新、进行理论创造的历史。

目　录

坚持发展当代马克思主义

党史学习教育

中国式现代化

国家治理体系与治理能力现代化

脱贫攻坚·乡村振兴·共同富裕

弘扬伟大建党精神传承红色基因

坚持发展当代马克思主义

马克思主义中国化新的飞跃

习近平新时代中国特色社会主义思想是当代中国马克思主义、二十一世纪马克思主义，是中华文化和中国精神的时代精华，实现了马克思主义中国化新的飞跃。党的百年奋斗展示了马克思主义的强大生命力，马克思主义的科学性和真理性在中国得到充分检验，马克思主义的人民性和实践性在中国得到充分贯彻，马克思主义的开放性和时代性在中国得到充分彰显。习近平新时代中国特色社会主义思想是马克思主义与当代中国具体实际相结合的产物，是使马克思主义在二十一世纪展现更强大、更有说服力的科学理论。习近平新时代中国特色社会主义思想具有鲜明的中华文化特色和中国精神特质，也彰显了中国共产党人高度的历史自觉和文化自信。

1. "新的飞跃"体现在对"三大规律"的深化和提升上

党的十九届六中全会审议通过的《中共中央关于党的百年奋斗重大成就和历史经验的决议》指出，"习近平新时代中国特色社会主义思想实现了马克思主义中国化新的飞跃"。这一重要论断科学阐明了习近平新时代中国特色社会主义思想的理论内涵和重大意义，标明了其在马克思主义发展史、中华文化发展史上的重要地位。党的十八大以来，以习近平同志为核心的党中央坚持把马克思主义基本原理同当代中国具体实际相结合、同中华优秀传统文化相结合，紧密结合新时代的时代条件和实践要求,对关系新时代党和国家事业发展的一系列重大理论和实践问题进行了深邃思考和科学判断,不断把马克思主义中国化推向前进,创立了习近平新时代中国特色社会主义思想,实现了马克思主义中国化新的飞跃。

"新的飞跃"体现在对共产党执政规律的创造性提升上。在深刻总结并充分运用中国共产党成立以来的历史经验基础上,以习近平同志为核心的党中央从新的实际出发,明确作出"中国特色社会主义最本质的特征是中国共产党领导,中国特色社会主义制度的最大优势是中国共产党领导,党是最高政治领导力量"的重大战略判断,并从此出发提出新时代党的建设总要求,突出政治建设在党的建设中的重要地位,使党始终成为总揽全局、协调各方的领导核心;推进全面从严治党,提出办好中国的事情,关键在党,关键在党要管党、全面从严治党,强调以党的政治建设为统领,落实管党治党政治责任,深入推进反腐败斗争,以伟大自我革命引领伟大社会革命,开辟了管党治党、兴党强党的新境界,等等。这些重要论断的提出不仅深刻总结并充分运用建党百年的历史经验,还深刻回答了建设什么样的长期执政的马克思主义政党、怎样建设长期执政的马克思主义政党等重大时代课题,形成了对中国共产党执政规律的创新性论断,构成了习近平新时代中国特色社会主义思想的重要内容。这不仅创造性地丰富了马克思主义执政党建设理论,也深化了中国共产党人对党建理论与实践的认识,成为新时代中国共产党团结带领人民实现中华民族伟大复兴的重要遵循。

"新的飞跃"体现在对社会主义建设规律的创造性发展上。在社会主义建设问题上,中国共产党明确必须坚持和发展中国特色社会主义,中国特色社会主义理论体系是指导党和人民实现中华民族伟大复兴的正确理论。党的十八大以来,中国特色社会主义进入了新时代,新时代我国社会主要矛盾发生了变化,这一关系全局的历史性变化对党和国家工作提出了许多新要求。面对这一新要求,以习近平同志为核心的党中央明确了坚持和发展中国特色社会主义的总目标、总任务、总体布局、战略布局和发展方向、发展方式、发展动力、战略步骤、外部条件、政治保证等基本问题,提出了坚持以人民为中心、坚持全面深化改革、坚持新发展理念等一系列原创性的治国理政新理念新思想、新战略,不仅系统回答了新时代坚持和发展什么样的中国特色社会主义、怎样坚持和发展中国特色社会主义,建设什么样的社会主义现代化强国、怎样建设社会主义现代化强国等问题,还实现了对中国特色社会主义建设规律认识的新跃升,指明了中国式现代化道路的新图景,成为实现中华民族伟大复兴新征程上的行动指南。

"新的飞跃"体现在对人类社会发展规律的创造性深化上。当今世界正经历百年未有之大变局,挑战层出不穷、风险日益增多,"世界怎么了、我们怎么办"成为整个世界都在思考的问题,"人类该向何处去"是各国都在探讨和关心的问题。习近平总书记始终胸怀天下,站在人类社会发展的历史高位,统筹国内国际两个大局,鲜明提出了推动构建人类命运共同体,实现共赢共享,始终做世界和平的建设者、全球发展的贡献者、国际秩序的维护者等一系列重要理念,成为习近平新时代中国特色社会主义思想的重要组成部分。这不仅创造性地丰富了马克思主义关于人的发展与世界历史理论,也深化了中国共产党人对人类社会发展规律、对中国与世界关系的认识,成为推动人类历史向光明目标迈进的重要指针。

2. 充分彰显马克思主义的强大生命力和中国共产党人的理论创造力

党的百年历史,就是一部不断推进马克思主义基本原理同中国具体实际相结合、同中华优秀传统文化相结合的历史。习近平新时代中国特色社会主义思想是"当代中国马克思主义、二十一世纪马克思主义"。马克思主义是科学的理论,同时也是不断发展的开放的理论。在纪念马克思诞辰 200 周年大会上,习近平总书记指出:"一部马克思主义发展史就是马克思、恩格斯以及他们的后继者们不断根据时代、实践、认识发展而发展的历史,是不断吸收人类历史上一切优秀思想文化成果丰富自己的历史。"中国共产党的百年奋斗历史,就是一部坚持马克思主义基本原理,坚持实事求是,从中国实际出发,洞察时代大势,把握历史主动,不断推进马克思主义中国化时代化的历史。中国特色社会主义进入新时代以来,以习近平同志为核心的党中央,经过艰辛探索,创立了习近平新时代中国特色社会主义思想,是当代中国马克思主义、二十一世纪马克思主义。

一方面,习近平新时代中国特色社会主义思想是马克思主义与当代中国具体实际相结合的产物。中国特色社会主义进入新时代是我国发展新的历史方位,也是习近平新时代中国特色社会主义思想创立的逻辑起点。进入新时代,世情、国情、党情不仅发生了深刻变化,而且呈现出相互交织的状况,这对党和国家工作提出了新挑战、新要求。正是在回答新时代坚持和发展什么样的中国特色社会主义、怎样坚持和发展中国特色社会主义,建设什么样的社会主义现代化强国、怎样建设社会主义现代化强国,建设什么样的长期执政的马克思主义政党、怎样建设长期执政的马克思主义政党等重大时代课题中,以习近平同志为核心的党中央坚持用马克思主义的立场、观点、方法观察时代、把握时代、引领时代,创立了习近平新时代中国特色社会主义思想。这一重要思想是马克思主义中国化的最新成果,充分彰显了马克思主义的强大生命力;是党和人民实践经验和集体智慧的结晶,深刻体现了中国共产党人的理论创造力。

另一方面,习近平新时代中国特色社会主义思想是使马克思主义在二十一世纪更强大、更有说服力的科学理论。马克思主义是科学的理论,它创造性地揭示了人类社会发展规律,还找到了实现共产主义远大理想的有效途径。虽然受世界形势变化的影响,社会主义在二十世纪末遭受一定挫折。但中国共产党人始终以马克思主义作为立党立国的根本指导思想,肩负起发展马克思主义的历史责任,不断推进马克思主义中国化时代化。在习近平新时代中国特色社会主义思想的指导下,中华民族迎来了从站起来、富起来到强起来的伟大飞跃,取得了全面建成小康社会的胜利,顺利开启了全面建设社会主义现代化国家新征程,使中华民族伟大复兴进入了不可逆的历史进程,使我国日益走近世界舞台的中央、不断为人类作出更大贡献,彰显了马克思主义在二十一世纪的中国焕发出的强大生机活力。

3. 对中华文化和中国精神的创造性转化和创新性发展

十九届六中全会通过的《中共中央关于党的百年奋斗重大成就和历史经验的决议》中关于"中华文化和中国精神的时代精华"的表述很受关注,如何把握习近平新时代中国特色社会主义思想与中华文化和中国精神的关系非常重要。掌握科学理论的政党,才能引领时代;汲取人类优秀文化成果的理论,才能穿越时代。党的十八大以来,以习近平同志为核心的党中央洞察时代风云、把握时代脉搏、引领时代潮流,创立了习近平新时代中国特色社会主义思想。这一重要思想是马克思主义同中华传统优秀文化相结合的产物,是中华文化和中国精神的时代精华,在中华文化发展史上具有极其重要的地位。

一方面,习近平新时代中国特色社会主义思想深深植根于中华文化和中国精神之中。中华文化源远流长、博大精深,蕴含着丰富的哲学思想、人文精神和道德理念,积淀着中华民族最深层的精神追求,为中华民族的生生不息和发展壮大提供了丰厚的养分。党的十八大以来,以习近平同志为核心的党中央,面对世情、国情、党情的变化,在始终坚持以马克思主义的立场、观点、方法观察时代、把握时代、引领时代的同时,还着力从中华文化中汲取营养,从中国精神中汲取能量,实现了马克思主义基本原理同中华传统优秀文化的有效结合,形成了习近平新时代中国特色社会主义思想。这一结合使习近平新时代中国特色社会主义思想具有鲜明的中华文化特色和中国精神特质,也彰显了中国共产党人高度的历史自觉和文化自信。

另一方面,习近平新时代中国特色社会主义思想是对中华文化和中国精神的创造性转化和创新性发展。中华传统优秀文化和中国精神具有历史的穿透力,值得大力弘扬,但大力弘扬不等于墨守成规。习近平新时代中国特色社会主义思想是以中华优秀传统文化为重要渊源,在深刻汲取它的营养中根据新的时代条件和现实需要予以创造性转化和创新性发展。比如,将传统"大同"社会理想的美好愿景转化为中华民族伟大复兴的中国梦,并将百年来中国共产党团结带领中国人民进行的一切奋斗、一切创造都归结为实现中华民族伟大复兴;将"民惟邦本,本固邦宁"的朴素民本思想发展为"坚持以人民为中心"的发展思想,等等。这一思想深刻反映了中华民族自古以来的梦想和追求,特别是实现中华民族伟大复兴这一近代以来最伟大的梦想,凝结着中国人民的伟大创造精神、伟大奋斗精神、伟大团结精神、伟大梦想精神,具有强大的历史穿透力、文化感染力和精神感召力,有效激活了中华优秀传统文化的生命力,使马克思主义在中国大地焕发出新的勃勃生机。

(原载于《湖北日报》,2021 年 11 月 24 日,略有删改)

马克思主义中国化的理论创新与
伟大成就

习近平总书记在党史学习教育动员大会上的讲话中强调指出："我们党的历史，就是一部不断推进马克思主义中国化的历史，就是一部不断推进理论创新、进行理论创造的历史。"中国共产党的百年史，就是一部把马克思主义基本原理同中国具体实际相结合、不断推进马克思主义中国化并不断产生新的中国化马克思主义理论成果的百年史。回望总结马克思主义中国化理论指导下党取得的辉煌成就，深刻把握马克思主义中国化百年历程的基本经验，是继续推进马克思主义中国化，发展当代中国马克思主义、二十一世纪马克思主义的必然要求。

1. 在毛泽东思想指引下实现了中华民族从"东亚病夫"到站起来的伟大飞跃

近代中国，救亡图存成为时代课题。在中国共产党诞生前，中国人民 80 多年的前赴后继艰难抗争，未能推进中华民族走向独立自主，也未能摆脱遭受欺凌压迫命运，进而获得翻身解放。正是在近代中国社会剧烈运动中，在中国人民反抗封建统治和外来侵略的激烈斗争中，在马克思列宁主义同中国工人运动的结合过程中，中国共产党诞生了。在历经与国民党合作开展北伐后遭到国民党的"反扑"，历经与教条主义、经验主义以及冒险主义、机会主义的坚决斗争,我们党越来越深刻并坚定地认识到马克思主义必须与中国实际相结合,才能更好地焕发出生命力。

以毛泽东同志为主要代表的中国共产党人,立足于"站起来",以民族独立、人民解放为己任,把马克思主义基本原理同中国革命和建设的具体实际结合起来,坚定不移探索推进马克思主义与中国实际相结合的路径和方式,探索出了一条农村包围城市、武装夺取政权的革命道路,不断实现理论认识的提升和革命斗争的胜利,并在党的七大上正式将毛泽东思想确立为全党的指导思想,实现了马克思主义中国化的第一次历史性飞跃。在毛泽东思想指引下,党团结带领人民经过长期奋斗,完成新民主主义革命和社会主义革命,建立起中华人民共和国和社会主义基本制度,使中国成为在世界上有重要影响的大国。

2. 在中国特色社会主义理论体系指引下实现了中华民族从站起来到富起来的伟大飞跃

党的十一届三中全会以后,以邓小平同志为主要代表的中国共产党人,团结带领全党全国各族人民,深刻总结我国社会主义建设正反两方面经验,作出把党和国家工作重心转移到经济建设上来、实行改革开放的历史性决策,深刻揭示社会主义本质,确立社会主义初级阶段基本路线,明确提出走自己的路、建设中国特色社会主义,科学回答了建设中国特色社会主义的一系列基本问题,制定了到二十一世纪中叶分三步走、基本实现社会主义现代化的发展战略,同时借鉴世界社会主义正反两方面的历史经验,在成功开创中国特色社会主义的伟大实践中逐步形成了邓小平理论。

党的十三届四中全会以后,以江泽民同志为主要代表的中国共产党人,团结带领全党全国各族人民,紧紧围绕"什么是社会主义、怎样建设社会主义""建设什么样的党、怎样建设党"这一问题进行探索,并形成了"三个代表"重要思想,在国内外形势十分复杂、世界社会主义出现严重曲折的严峻考验面前,不仅坚决捍卫了中国特色社会主义,还开创了改革开放新局面,成功地把中国特色社会主义推向二十一世纪。

党的十六大以后,以胡锦涛同志为主要代表的中国共产党人,团结带领全党全国各族人民,与时俱进,深刻认识和回答了新形势下实现什么样的发展、怎样发展等重大问题,形成了科学发展观,在全面建设小康社会进程中不断推进实践创新、理论创新、制度创新,形成中国特色社会主义事业总体布局。

在中国特色社会主义理论体系指引下,我国的综合国力迈上新台阶。从 1978 年到 2012 年,我国国内生产总值由 3645 亿元增长到 52 万多亿元,是同期世界经济年均增长率的 3 倍多,我国经济总量上升为世界第二。人民生活总体上达到小康水平,改革开放前长期困扰人民群众的短缺经济状况已经从根本上得到改变。可以说,从党的十一届三中全会到党的十八大这一段时期,正是中国共产党与时俱进不断把马克思主义基本原理同中国具体实际相结合,用最新的马克思主义中国化理论成果指导中国特色社会主义伟大实践,不仅创造了中国奇迹,改变了国家的面貌、中华民族的面貌、中国人民的面貌,也改变了中国共产党的面貌,实现了中华民族从站起来到富起来的伟大飞跃。

3. 在习近平新时代中国特色社会主义思想指引下中华民族迎来了从富起来到强起来的伟大飞跃

中国特色社会主义进入新时代,如何全面建成社会主义现代化强国、实现中华民族伟大复兴的中国梦,成为摆在中国共产党人面前新的时代课题。党的十八大以来,以习近平同志为核心的党中央,立足于世界百年未有之大变局,以实现中华民族伟大复兴为历史使命,把马克思主义基本原理同新时代的中国具体实际充分结合起来,从理论和实践结合上全面系统地回答了"在新时代坚持和发展什么样的中国特色社会主义、怎样坚持和发展中国特色社会主义"，"建设什么样的社会主义现代化强国、怎样建设社会主义现代化强国"，"建设什么样的长期执政的马克思主义政党、怎样建设长期执政的马克思主义政党"，这个重大时代课题，创立了习近平新时代中国特色社会主义思想，实现了马克思主义中国化的又一次历史性飞跃。

习近平新时代中国特色社会主义思想是从新时代中国特色社会主义全部实践中产生的理论结晶，是推动新时代党和国家事业不断向前发展的科学指南，是引领中国、影响世界的当代中国马克思主义、21 世纪马克思主义。在习近平新时代中国特色社会主义思想的指导下，党团结带领人民进行伟大斗争、建设伟大工程、推进伟大事业、实现伟大梦想，形成并统筹推进经济建设、政治建设、文化建设、社会建设、生态文明建设"五位一体"总体布局，形成并协调推进全面建设社会主义现代化国家、全面深化改革、全面依法治国、全面从严治党"四个全面"战略布局。"五位一体"总体布局和"四个全面"战略布局相互促进、统筹联动，从全局上确立了新时代坚持和发展中国特色社会主义的总体规划和战略部署。

以习近平同志为核心的党中央，坚持把新发展理念贯穿发展全过程和各领域，推动和引领高质量发展，以深化供给侧结构性改革为主线，以改革创新为根本动力，以满足人民日益增长的美好生活需要为根本目的，统筹发展和安全，加快建设现代化经济体系，加快构建以国内大循环为主体、国内国际双循环相互促进的新发展格局，推进国家治理体系和治理能力现代化，实现经济行稳致远、社会安定和谐，不断深入推进全面从严治党，牢固树立宗旨意识；共同推动构建人类命运共同体，携手建设更加美好的世界。正是在习近平新时代中国特色社会主义思想的指导下，党和国家事业取得历史性成就、发生历史性变革，中华民族迎来了从富起来到强起来的伟大飞跃。

中国共产党的成立，是开天辟地的大事件。100 年来，中国共产党带领全国各族人民为实现民族独立、人民解放和实现国家繁荣富强、人民共同富裕不懈奋斗，引领中华民族迎来了从站起来、富起来到强起来的伟大飞跃。历史充分证明，中国共产党是中国人民和中华民族的主心骨。回顾中国共产党的历史，重要的一条经验就是我们党始终坚持以马克思主义为指导，把马克思主义基本原理与中国具体实际充分结合起来，不断加强理论探索、推进理论创新、进行理论创造，不断与时俱进，不断推进马克思主义中国化时代化大众化。100 年来，我们党不断开辟当代中国马克思主义发展新境界，产生了毛泽东思想、邓小平理论、"三个代表"重要思想、科学发展观和习近平新时代中国特色社会主义思想，为中国的革命、建设和改革提供了科学理论指导和行动指南，使中国这个古老的东方大国创造了人类历史上前所未有的发展奇迹。事实证明，只有社会主义才能救中国，只有中国特色社会主义才能发展中国，只有坚持和发展中国特色社会主义才能实现中华民族伟大复兴。

（原载于《成都日报》，2021 年 06 月 23 日，略有删改）

三个"行动指南"读懂马克思主义中国化最新理论成果

习近平新时代中国特色社会主义思想立足于中国特色社会主义新时代，坚持以理想信念铸魂、以人民期待凝心、以自觉自信聚力、以问题导向立论、以担当精神践行，是党带领全国人民攻坚克难、砥砺前行的行动指南。《习近平谈治国理政》第三卷以党的十九大报告为开卷篇，分19个专题，收录从党的十九大到2020年1月期间，习近平同志的报告、讲话、谈话等重要文献92篇，集中反映了党的十九大以来以习近平同志为核心的党中央治国理政的最新理论成果，进一步丰富和发展了习近平新时代中国特色社会主义思想，集中体现了马克思主义中国化的最新理论成果，是指引全党、全国人民不断前进的理论指南。

习近平新时代中国特色社会主义思想是不断开辟新的马克思主义中国化理论的行动指南。《习近平谈治国理政》第三卷是马克思主义中国化在新的历史阶段的理论创新成果，生动记录了党的十九大以来以习近平同志为核心的党中央，着眼中华民族伟大复兴战略全局和世界百年未有之大变局，团结带领中国人民进行新时代伟大斗争、建设伟大工程、推进伟大事业、实现伟大梦想的生动实践，从理论和实践结合上系统科学地回答了"新时代坚持和发展什么样的中国特色社会主义、怎样坚持和发展中国特色社会主义"这个重大时代课题,围绕改革发展稳定、内政外交国防、治党治国治军提出了一系列新的思想观点,为新时代坚持和发展中国特色社会主义提供了行动指南。同时,它还立足中华民族伟大复兴的战略全局,着眼世界百年未有之大变局,洞察世界风云变幻,在对时代脉搏的准确把握中、对时代问题的科学回答和使命承担中、对时代发展的精神引领中,对人类发展重大问题作出一系列睿智思考、提出许多独特创见,特别是从理论与现实、民族与世界、历史与未来的多重维度系统地探讨了人类社会发展面临的系列问题,不仅呈现了人类社会现代化发展的多样性,拓展了发展中国家走向现代化的新途径,为理解国家治理及其现代化问题提供了基本的理论遵循和实践指南,还为应对全球共同挑战、共同问题提供了中国智慧和中国方案,为推动构建人类命运共同体、维护人类共同利益和共同价值作出了重要贡献 。

习近平新时代中国特色社会主义思想是将新时代党的伟大自我革命进行到底的行动指南。《习近平谈治国理政》第三卷始终贯穿弘扬马克思主义政党自我革命精神,不仅创造性回答了在新时代"什么是自我革命、怎样进行自我革命"的重大理论问题,还全面深入地阐述了持续推进和不断深化党的自我革命的重大意义、指导原则、时代内涵、基本方略、主要问题、重要途径和科学方法。不仅深化了我们对中国共产党自身建设规律的认识,也丰富发展了马克思主义政党建设理论,是广大党员、干部不忘初心、牢记使命,坚持不懈把党的自我革命推向深入的根本遵循和行动指南。

在新时代,实现伟大梦想,触及利益格局调整的深刻性、涉及矛盾和问题的尖锐性、突破体制机制障碍的艰巨性、进行伟大斗争形势的复杂性,都是前所未有的。越是接近民族复兴,越要勇于进行伟大斗争,着力解决党自身存在的突出问题。广大党员干部通过学习,坚定理想信念,用党的创新理论统一思想、统一意志、统一行动;不断增强"四个意识"、坚定"四个自信"、做到"两个维护";不断增进同人民群众的感情,自觉同人民想在一起、干在一起,着力解决群众的操心事、烦心事,以为民谋利、为民尽责的实际成效取信于民。通过彻底的自我革命,把党建设成为始终走在时代前列、人民衷心拥护、勇于自我革命、经得起各种风浪考验、朝气蓬勃的马克思主义执政党。

习近平新时代中国特色社会主义思想是将中华民族伟大复兴事业不断推向前进的行动指南。《习近平谈治国理政》第三卷坚持实践导向、问题导向、效果导向,着眼实现中华民族伟大复兴的中国梦和实现人民对美好生活向往的目标,为新时代党和国家事业作出了一系列重大战略谋划和战略部署,为党和人民在新的历史起点上实现中华民族伟大复兴提供了科学的路线图和方法论,注入了新理念和新动能。《习近平谈治国理政》第三卷既体现了习近平新时代中国特色社会主义思想"十个明确""十四个坚持"的核心内容,又提出了许多具有原创性、时代性、指导性的重大思想观点;既深刻回答了在我国国家制度和治理体系上应该坚持和巩固什么的重大政治问题,明确了完善和发展我国国家制度和治理体系的重大制度安排;既阐明了新的发展理念,又对推动经济高质量发展作出重大决策部署;既阐述了生态文明建设的基本原则,又对打好污染防治攻坚战提出明确要求;既对以人民为中心的发展思想作了阐述,又对提高保障和改善民生水平作出系统政策指导。深刻回答了中国共产党为什么"能"、马克思主义为什么"行"、中国特色社会主义为什么"好"、"中国之治"的"密码"等问题。

当前,我们已经实现了全面小康,脱贫攻坚战也取得全面胜利,第一个百年奋斗目标圆满实现,我们开启了全面建设社会主义现代化国家、实现第二个百年奋斗目标的新征程。在新征程上,我们需要更加自觉坚定地学会读懂真用《习近平谈治国理政》第三卷,把习近平新时代中国特色社会主义思想作为党和国家事业发展的总指引、总遵循,贯穿到改革开放和社会主义现代化建设的各领域各方面各环节,将中华民族伟大复兴事业不断推向前进。

（原载于人民网·理论频道,2020 年 08 月 19 日）

坚持发展当代中国马克思主义

　　习近平在庆祝中国共产党成立 100 周年大会上的重要讲话中强调："用马克思主义观察时代、把握时代、引领时代"。中国化的马克思主义,既坚持马克思主义基本原理,体现马克思主义的立场观点方法,又在实践基础上结合时代发展要求不断创新,彰显了一脉相承、与时俱进的理论品质。

　　坚持用马克思主义观察时代。马克思主义是科学的理论、人民的理论、实践的理论、不断发展的开放的理论,源于马克思、恩格斯所处的那个时代又超越了那个时代,既是那个时代精神的精华又是整个人类精神的精华。毛泽东同志曾指出："我们的眼力不够,应该借助于望远镜和显微镜。马克思主义的方法就是政治上军事上的望远镜和显微镜。"中国共产党是用马克思主义武装起来的政党,始终坚持运用马克思主义的望远镜和显微镜,观察中国革命、建设、改革的具体实际,正确认识和把握不同历史阶段的社会主要矛盾,部署开展党的各项工作。历史和实践充分表明,坚持运用马克思主义观察时代提出的课题,是中国共产党人正确认识世界、改造世界的成功经验。中国特色社会主义进入新时代,这是我国发展新的历史方位。必须坚持用习近平新时代中国特色社会主义思想这一当代中国马克思主义、二十一世纪马克思主义武装头脑、指导实践、推动工作,坚持历史与现实、理论与实践、国内与国际相结合,以宽广视野深入分析我国社会发展的现实状况、外部条件、变化趋势,既充分认识我国社会主要矛盾的变化,又牢牢把握社会主义初级阶段的基本国情和世界最大发展中国家的实际,全面贯彻党的基本理论、基本路线、基本方略,正确认识发展中存在的短板和不足,有效破解发展中面临的问题。

坚持用马克思主义把握时代。马克思主义从一开始便是时代的产物,它不是书斋里的学问,而是为了改变人民历史命运而创立的,是在人民求解放的实践中形成的,也是在人民求解放的实践中丰富和发展的,为人民认识世界、改造世界提供了锐利思想武器。中国共产党一经诞生,就把马克思主义写在自己的旗帜上,坚持把马克思主义基本原理同中国革命、建设、改革的具体实际结合起来,不断开辟马克思主义新境界,创立了毛泽东思想、邓小平理论,形成了"三个代表"重要思想、科学发展观和习近平新时代中国特色社会主义思想,为党和人民事业发展提供了科学理论指导。我们党既毫不动摇地坚持马克思主义基本原理,又不断推进理论创新、进行理论创造,使马克思主义始终与时代发展同步,体现时代性、把握规律性、富于创造性。进入新时代,改革发展稳定任务之重、矛盾风险挑战之多、治国理政考验之大都是前所未有的,回答和解决这些新问题新矛盾,呼唤新思想新理论。习近平新时代中国特色社会主义思想,立足我国发展新的历史方位,坚持一切从实际出发,勇于破除一切不合时宜的思想观念和体制机制弊端,深刻回答了新时代坚持和发展中国特色社会主义的一系列重大理论和现实问题。在全面建设社会主义现代化国家新征程上,我们必须坚持以习近平新时代中国特色社会主义思想为指导,准确把握新发展阶段,完整、准确、全面贯彻新发展理念,加快构建新发展格局,着力推动高质量发展,不断提高应对重大挑战、抵御重大风险、克服重大阻力、解决重大矛盾的能力,继续赢得优势、赢得主动、赢得未来。

　　坚持用马克思主义引领时代。马克思主义博大精深，但并不是自我封闭的理论体系，而是始终站在时代前沿，不断吸收时代发展创造的一切优秀思想文化成果，引领时代发展的潮流。中国共产党成立以来，一代代中国共产党人在马克思主义的科学指引下准确把握时代发展大势，在继往开来中解答时代发展提出的新课题、回应人类社会面临的新挑战，深化了对共产党执政规律、社会主义建设规律和人类社会发展规律的认识。党的十八大以来，以习近平同志为核心的党中央从理论和实践结合上系统回答了新时代坚持和发展什么样的中国特色社会主义、怎样坚持和发展中国特色社会主义这个重大时代课题，创立了习近平新时代中国特色社会主义思想。习近平新时代中国特色社会主义思想洞察时代风云，把握时代脉搏，引领时代潮流，既承载中国共产党人为民族谋复兴的使命，擘画实现民族复兴中国梦的宏伟蓝图，又担当中国共产党人为世界谋大同的责任，饱含对人类发展重大问题的睿智思考和独特创见，为应对全球共同挑战、共同问题提供了中国智慧和中国方案，为推动构建人类命运共同体、维护人类共同利益和共同价值作出了重要贡献。习近平新时代中国特色社会主义思想，是关乎中国前途命运的当代中国马克思主义，是关乎科学社会主义发展前景的二十一世纪马克思主义，必将在中华民族复兴史上、马克思主义发展史上和人类社会进步史上绽放出更加灿烂的真理光芒。

　　　　　　　　　　（原载于《人民日报》，2021 年 08 月 12 日 09 版）

坚持把马克思主义基本原理同
中国具体实际相结合

任何一种理论,只有与一国的具体情况和要解决的实际问题相结合,才能在实践中展现出思想伟力,指导推动国家和社会各项事业发展进步。

实践证明,同中国具体实际相结合的中国化马克思主义理论是指导中国共产党、中国人民、中华民族不断发展壮大的理论,是与时俱进不断回答中国之问、世界之问、人民之问、时代之问的科学理论,其科学性和真理性在中国已经得到了充分检验。

时代是思想之母,实践是理论之源。继续推进实践基础上的理论创新,必须把握好习近平新时代中国特色社会主义思想的世界观和方法论,坚持好、运用好贯彻其中的立场观点方法。

"坚持和发展马克思主义,必须同中国具体实际相结合。"党的二十大报告指出,我们坚持以马克思主义为指导,是要运用其科学的世界观和方法论解决中国的问题,而不是要背诵和重复其具体结论和词句,更不能把马克思主义当成一成不变的教条。这深刻而精要地阐明了把马克思主义基本原理同中国具体实际相结合的内在道理。新时代新征程上,坚持和发展马克思主义,要在坚持马克思主义基本原理基础上,根据中国具体实际的发展变化不断丰富和发展马克思主义，用发展着的马克思主义指导新的实践。

1. 马克思主义是科学的理论

把马克思主义基本原理同中国具体实际相结合，首先要坚持马克思主义基本原理，搞清楚马克思主义的基本原理及其立场、观点和方法。马克思指出："理论在一个国家实现的程度，总是决定于理论满足这个国家的需要的程度。"任何一种理论，只有与一国的具体情况和要解决的实际问题相结合，才能在实践中展现出思想伟力，指导推动国家和社会各项事业发展进步。中国共产党把马克思主义作为根本指导思想，坚持解放思想、实事求是、守正创新，不断推进马克思主义中国化时代化，用发展着的马克思主义指导中国革命、建设、改革实践，取得了举世瞩目的伟大成就。坚持把马克思主义基本原理同中国具体实际相结合、同中华优秀传统文化相结合，是全面总结我们党推进马克思主义中国化时代化历程得出的科学结论，深刻揭示了马克思主义在中国创新发展的内在机理。

马克思主义是科学的理论，是我们立党立国、兴党兴国的根本指导思想。习近平总书记指出："中国共产党之所以能够完成近代以来各种政治力量不可能完成的艰巨任务，就在于始终把马克思主义这一科学理论作为自己的行动指南，并坚持在实践中不断丰富和发展马克思主义。"拥有马克思主义科学理论指导是中国共产党坚定信仰信念、把握历史主动的根本所在。在中华民族危难之际，马克思主义成为中国人民前进的灯塔，挣脱了黑夜的迷茫。

马克思主义在中国的广泛传播不仅催生了中国共产党，还使中国共产党拥有了科学的世界观和方法论，拥有了认识世界、改造世界的强大思想武器和信仰支撑，使我们党以历史唯物主义的视野、科学精神、无私无畏的博大胸怀领导和推动中国革命、建设、改革不断取得成功，团结和带领中国人民走出了一条民族复兴的光明之路。

新民主主义革命时期，中国共产党领导全国人民推翻帝国主义、封建主义、官僚资本主义三座大山,建立了人民当家作主的中华人民共和国,实现了民族独立、人民解放,为实现中华民族伟大复兴创造了根本社会条件。社会主义革命和建设时期,中国共产党领导全国人民实现了从新民主主义到社会主义的转变,进行社会主义革命,推进社会主义建设,为实现中华民族伟大复兴奠定了根本政治前提和制度基础。改革开放和社会主义现代化建设新时期,中国共产党继续探索中国建设社会主义的正确道路,解放和发展社会生产力,使人民摆脱贫困、尽快富裕起来,为实现中华民族伟大复兴提供了充满新的活力的体制保证和快速发展的物质条件。

中国特色社会主义新时代,中国共产党全面学习贯彻习近平新时代中国特色社会主义思想,全面贯彻党的基本路线、基本方略,采取一系列战略性举措,推进一系列变革性实践,实现一系列突破性进展,取得一系列标志性成果,经受住了来自政治、经济、意识形态、自然界等方面的风险挑战考验,党和国家事业取得历史性成就、发生历史性变革,完成全面建成小康社会历史任务,开启强国历史新征程,推动我国迈上全面建设社会主义现代化国家新征程。马克思主义不仅深刻改变了世界,也深刻改变了中国,使中国这个古老的东方大国创造了人类历史上前所未有的发展奇迹。中国共产党的历史和实践充分证明,把马克思主义作为党的根本指导思想是唯一正确的政治选择。

2. 运用马克思主义科学的世界观和方法论解决中国的问题

理论的生命力在于创新。习近平总书记指出:"我们党的历史,就是一部不断推进马克思主义中国化的历史,就是一部不断推进理论创新、进行理论创造的历史。"只有把马克思主义基本原理同中国具体实际相结合、同中华优秀传统文化相结合,坚持运用辩证唯物主义和历史唯物主义,才能正确回答时代和实践提出的重大问题,才能始终保持马克思主义的蓬勃生机和旺盛活力。党的二十大报告指出,我们必须坚持解放思想、实事求是、与时俱进、求真务实,一切从实际出发,着眼解决新时代改革开放和社会主义现代化建设的实际问题,不断回答中国之问、世界之问、人民之问、时代之问,作出符合中国实际和时代要求的正确回答,得出符合客观规律的科学认识,形成与时俱进的理论成果,更好指导中国实践。

在新民主主义革命和建设时期,中国共产党人把马克思主义基本原理同中国革命和建设具体实际结合起来,团结带领人民经过长期奋斗,完成新民主主义革命和社会主义革命,建立起中华人民共和国和社会主义基本制度,进行了社会主义建设的探索,实现了中华民族站起来的伟大飞跃。改革开放和社会主义建设新时期,中国共产党人把马克思主义基本原理同中国改革开放的具体实际结合起来,团结带领人民进行建设中国特色社会主义新的伟大实践,使中国大踏步赶上了时代,实现了中华民族从站起来到富起来的伟大飞跃。

中国特色社会主义新时代,中国共产党人把马克思主义基本原理同新时代中国具体实际结合起来,团结带领人民进行伟大斗争、建设伟大工程、推进伟大事业、实现伟大梦想,推动党和国家事业取得全方位、开创性历史性成就,发生深层次、根本性历史变革,中华民族迎来了从站起来、富起来到强起来的伟大飞跃,迎来了实现伟大复兴的光明前景。实践证明,同中国具体实际相结合的中国化马克思主义理论是指导中国共产党、中国人民、中华民族不断发展壮大的理论,是与时俱进不断回答中国之问、世界之问、人民之问、时代之问的科学理论,其科学性和真理性在中国已经得到了充分检验。正如党的二十大报告指出:实践告诉我们,中国共产党为什么能,中国特色社会主义为什么好,归根到底是马克思主义行,是中国化时代化的马克思主义行。

3. 继续推进实践基础上的理论创新

实践没有止境,理论创新也没有止境。继续推进实践基础上的理论创新,必须把握好习近平新时代中国特色社会主义思想的世界观和方法论,坚持好、运用好贯彻其中的立场观点方法。

必须坚持人民至上。人民的创造性实践是理论创新的不竭源泉。一切脱离人民的理论都是苍白无力的,一切不为人民造福的理论都是没有生命力的。不断推进理论创新,必须站稳人民立场、把握人民愿望、尊重人民创造、集中人民智慧,形成为人民所喜爱、所认同、所拥有的理论。

必须坚持自信自立。马克思主义中国化的历史表明,中国问题的解决必须从中国基本国情出发,运用马克思主义的立场观点方法由中国人自己来解答。推动马克思主义中国化时代化,必须在理论自觉的基础上坚持"四个自信"。"四个自信"是来自党对马克思主义的坚定信仰、来自党对马克思主义基本原理的信服、来自党对马克思主义伟大实践的信心、来自党对把理论转化为人民自觉追求的信念。既不能刻舟求剑、封闭僵化,也不能照抄照搬、食洋不化。

必须坚持守正创新。我们从事的是前无古人的伟大事业,守正才能不迷失方向、不犯颠覆性错误,创新才能把握时代、引领时代。必须坚持解放思想与实事求是相统一、培元固本与守正创新相统一,以科学的态度对待科学、以真理的精神追求真理,坚持马克思主义基本原理不动摇,坚持党的理论创新不动摇,坚持中国特色社会主义不动摇,紧跟时代步伐,顺应实践发展,以新的理论指导新的实践。

必须坚持问题导向。习近平强调:"坚持问题导向是马克思主义的鲜明特点。问题是创新的起点,也是创新的动力源。"时代是思想之母,实践是理论之源。任何重大理论问题都源于重大的现实问题,任何重大现实问题都蕴含着重大的理论问题。这也是理论的力量所在,不断发展的动力所在。推动理论创新,需要不断增强问题意识,聚焦实践中遇到的新问题,不断提出真正解决问题的新理念新思路新办法。

　　必须坚持系统观念。系统观念是马克思主义重要的认识论和方法论,是中国共产党基本的思想方法和工作方法。推进理论创新,必须坚持系统观念,不断提高战略思维、历史思维、辩证思维、系统思维、创新思维、法治思维、底线思维能力,为事业发展不断提供科学思想方法。

　　必须坚持胸怀天下。中国共产党是为中国人民谋幸福、为中华民族谋复兴、为人类谋进步、为世界谋大同的党。必须以世界眼光,深刻洞察人类发展进步潮流,积极回应人类关切,为解决人类面临的共同问题,推动建设更加美好的世界。

　　　　　　　　　　　　　　（原载于《湖北日报》,2022 年 11 月 17 日）

坚持"两个结合"，不断谱写马克思主义中国化时代化的新篇章

　　党的二十大报告中关于"两个结合"的重要论述，大大深化了中国共产党对坚持和发展马克思主义的规律性认识。马克思指出："理论在一个国家实现的程度，总是决定于理论满足这个国家的需要的程度。"坚持把马克思主义基本原理同中国具体实际相结合、同中华优秀传统文化相结合，是全面总结中国共产党推进马克思主义中国化时代化历程得出的科学结论，深刻揭示了马克思主义在中国创新发展的内在机理。

　　马克思主义是我们立党立国、兴党兴国的根本指导思想。马克思主义是科学的理论。习近平总书记指出："中国共产党之所以能够完成近代以来各种政治力量不可能完成的艰巨任务，就在于始终把马克思主义这一科学理论作为自己的行动指南，并坚持在实践中不断丰富和发展马克思主义。"在民族危难之际，马克思主义成为了中国人民前进的灯塔，挣脱了黑夜的迷茫。马克思主义在中国的广泛传播不仅催生了中国共产党，还使中国共产党拥有了科学的世界观和方法论，拥有了认识世界、改造世界的强大思想武器和信仰支撑，使中国共产党以历史唯物主义的视野，科学精神、无私无畏的博大胸怀领导和推动中国革命、建设、改革不断取得成功，团结带领中国人

民走出了一条民族复兴的光明之路。马克思主义不仅深刻改变了世界，也深刻改变了中国。拥有马克思主义科学理论指导是中国共产党坚定信仰信念、把握历史主动的根本所在。

坚持和发展马克思主义，必须同中国具体实际相结合、同中华优秀传统文化相结合。理论的生命力在于创新。习近平指出："我们党的历史，就是一部不断推进马克思主义中国化的历史，就是一部不断推进理论创新、进行理论创造的历史。"只有把马克思主义基本原理同中国具体实际相结合、同中华优秀传统文化相结合，坚持运用辩证唯物主义和历史唯物主义，才能正确回答时代和实践提出的重大问题，才能始终保持马克思主义的蓬勃生机和旺盛活力。实践证明，中国化马克思主义理论是指导中国共产党、中国人民、中华民族不断发展壮大的理论，是与时俱进不断回答中国之问、世界之问、人民之问、时代之问的科学理论，其科学性和真理性在中国已经得到了充分检验。不断推进马克思主义中国化，必须把马克思主义基本原理同中国具体实际相结合、同中华优秀传统文化相结合，用中国特色、中国风格、中国气派的理论话语体系建构中国化的马克思主义。

不断谱写马克思主义中国化时代化的新篇章。实践没有止境，理论创新也没有止境。继续推进实践基础上的理论创新，必须把握好习近平新时代中国特色社会主义思想的世界观和方法论。必须坚持人民至上。人民的创造性实践是理论创新的不竭源泉。一切脱离人民的理论都是苍白无力的，一切不为人民造福的理论都是没有生命力的；必须坚持自信自立。要坚持"四个自信"，"四个自信"是来自于我们对马克思主义的坚定信仰、对马克思主义基本原理的信服、对马克思主义伟大实践的信心、对党把理论转化为人民自觉追求的信念。理论创新要求既不封闭僵化，也不照抄照搬、食洋不化；必须坚持守正创新。坚持解放思想与实事求是相统一、培元固本与守正创新相统一，以科学的态度对待科学、以真理的精神追求真理，不断以新的理论指导新的实践;必须坚持问题导向。理论是思想中的时代,任何重大理论问题都源于重大的现实问题,任何重大现实问题中都深沉蕴含着重大的理论问题。这也是理论的力量所在,不断发展的动力所在;必须坚持系统观念。系统观念是马克思主义重要的认识论和方法论,是我们党基本的思想方法和工作方法,必须坚持系统观念为事业发展不断提供科学思想方法;必须坚持胸怀天下。中国共产党是为中国人民谋幸福、为中华民族谋复兴、为人类谋进步、为世界谋大同的党。必须以世界眼光,深刻洞察人类发展进步潮流,积极回应人类关切,解决人类面临的共同问题,推动建设更加美好的世界。

（原载于红网,2022 年 11 月 21 日）

二十一世纪马克思主义要解决
"人类怎么办"的问题

党的二十大通过了《中国共产党章程(修正案)》,在"总纲"部分,增加了"习近平新时代中国特色社会主义思想是对马克思列宁主义、毛泽东思想、邓小平理论、'三个代表'重要思想、科学发展观的继承和发展,是当代中国马克思主义、二十一世纪马克思主义,是中华文化和中国精神的时代精华,是党和人民实践经验和集体智慧的结晶,是中国特色社会主义理论体系的重要组成部分,是全党全国人民为实现中华民族伟大复兴而奋斗的行动指南,必须长期坚持并不断发展的内容。"

这是第一次把"二十一世纪马克思主义"写入党章。马克思主义诞生近 200 年,人类社会形态发生深刻演变。最近 200 年的人类发展成果已经超越了过去几千年。二十一世纪马克思主义的说法本身有着强烈的时间意识。如何深入认识和理解二十一世纪马克思主义,可以从三个方面来理解。

1. 世界怎么了,人类怎么办——二十一世纪马克思主义正在回答的问题

从马克思主义诞生的工业革命发生发展时期到当下新一轮科技革命和产业变革深入发展的时代,马克思主义来到了二十一世纪。

这是处在怎样的人类发展阶段、世界发展阶段？

二十一世纪马克思主义所处的是世界百年未有之大变局的时代。党的二十大报告指出，"我国发展进入战略机遇和风险挑战并存、不确定难预料因素增多的时期，各种'黑天鹅''灰犀牛'事件随时可能发生"。一方面，经济全球化大潮滚滚向前，新科技革命深入发展，人类更加紧密地连结成为一个有机整体，全球化发展迈入新阶段，这为人类社会发展带来新机遇。另一方面，全球发展面临一系列新风险和新挑战，这主要表现为某些西方国家依然奉行霸权主义、丛林法则，保护主义、单边主义愈演愈烈，"逆全球化"思潮频频抬头；加之全球经济下行、新冠肺炎疫情全球肆虐、区域秩序动荡，人类又一次站在了历史的十字路口。世界怎么了？人类怎么办？二十一世纪马克思主义正是在这一时代背景中诞生、在这一时代背景中丰富，也必将引领这一时代的全球发展。

二十一世纪世界社会主义尤其是中国特色社会主义实践为马克思主义理论提供了怎样的基础？

人类进入二十一世纪以来，世界社会主义运动已经开始复苏，表现出鲜明的地域特点，各国马克思主义者更加注重结合本国国情来探索社会主义发展道路，这赋予二十一世纪世界社会主义更为坚实的发展基础和民意基础。特别是中国特色社会主义的蓬勃发展，已经雄辩地表明，在全球化浪潮下，世界社会主义将迎来更大的发展舞台。这为马克思主义理论的丰富和发展奠定了全球范围内的实践基础。

与此同时，中国特色社会主义实践取得全面建成小康社会重大胜利等举世瞩目的发展成就，这使科学社会主义在二十一世纪的中国焕发出强大生机活力，不仅为马克思主义的丰富和发展提供了鲜活实用的"中国智慧"和"中国方案"，更是让全世界人民重燃对社会主义的信心和认同，使中国成为引领世界社会主义和马克思主义理论发展的"中流砥柱"。实践证明,中国化马克思主义理论是指导中国共产党、中国人民、中华民族不断发展壮大的理论,是与时俱进不断回答中国之问、世界之问、人民之问、时代之问的科学理论,其科学性和真理性在中国已经得到充分检验。不断推进马克思主义中国化,必须把马克思主义基本原理同中国具体实际相结合、同中华优秀传统文化相结合,用中国特色、中国风格、中国气派的理论话语体系建构中国化的马克思主义。

2. 归根到底是中国化时代化的马克思主义行,因为理论的生命力在于不断创新

"中国共产党为什么能,中国特色社会主义为什么好,归根到底是因为马克思主义行!"这是习近平在庆祝中国共产党成立 100 周年大会上的讲话中提出的一个重要论断。习近平在党的二十大报告中增加了一个新的论断,这就是"是中国化时代化的马克思主义行"。深刻诠释了中国共产党"能"、中国特色社会主义"好"与马克思主义特别是中国化时代化的马克思主义"行"之间的辩证关系。

为什么说归根到底是马克思主义行? 就是因为马克思主义是科学的理论、人民的理论、实践的理论、不断发展的开放的理论。马克思主义是我们立党立国、兴党兴国的根本指导思想。马克思主义作为科学的理论,揭示了人类社会发展规律,照亮了人类探索历史规律和寻求自身解放的道路,为人类指明了从必然王国向自由王国飞跃的途径,为人类指明了实现自由和解放的道路。马克思主义作为人民的理论,第一次创立了人民实现自身解放的思想体系,第一次站在人民的立场探求人类自由解放的道路,指明了依靠人民群众推动历史前进的人间正道。马克思主义作为实践的理论,不是书斋里的学问,而是人们认识世界、改造世界的强大精神力量。马克思主义作为不断发展的开放的理论,始终站在时代前沿,不断探索时代发展提出的新课题、回应人类社会面临的新挑战。习近平新时代中国特色社

会主义思想基于新时代的历史条件推进马克思主义创新发展，不仅是马克思主义中国化时代化的最新成果，而且把马克思主义理论推进到新高度。

为什么说归根到底是中国化时代化的马克思主义行？因为理论的生命力在于不断创新。中国共产党在百年征程中之所以能够领导人民完成中国其他各种政治力量不可能完成的艰巨任务，根本在于坚持把马克思主义基本原理同中国具体实际相结合、同中华优秀传统文化相结合，坚持解放思想、实事求是、与时俱进、求真务实，及时回答中国之问、世界之问、人民之问、时代之问，不断推进马克思主义中国化时代化。马克思主义深刻改变了中国，中国也极大丰富和发展了马克思主义。

两个"行"说到底还是一个"行"，因为马克思主义行。马克思主义本身和中国化时代化的马克思主义是一脉相承的。党的十八大以来，新时代十年的伟大变革用事实雄辩地证明，中国化时代化的马克思主义是管用的、好用的、有效的，是引领我们实现既定目标的行动指南。实践证明，马克思主义的命运早已跟中国共产党、中华民族、中国人民的命运紧紧连在一起，它的科学性和真理性在中国得到了充分检验，它的人民性、实践性在中国得到了充分贯彻，它的开放性、时代性在中国得到了充分彰显。

实践没有止境，理论创新也没有止境。继续推进实践基础上的理论创新，必须把握好习近平新时代中国特色社会主义思想的世界观和方法论。必须坚持人民至上。人民的创造性实践是理论创新的不竭源泉，一切脱离人民的理论都是苍白无力的，一切不为人民造福的理论都是没有生命力的；必须坚持自信自立。要坚持"四个自信"，"四个自信"来自我们对马克思主义的坚定信仰、对马克思主义基本原理的坚定信服、对马克思主义伟大实践的坚定信心、对党把理论转化为人民自觉追求的坚定信念。理论创新要求既不封闭僵化，也不照抄照搬、食洋不化；必须坚持守正创新。坚持解放思想与实事求是相统一、培元固本与守正创新相统一，以科学的态度对待科学、以真理的精神追求真理，不断以新的理论指导新的实践；必须坚持问题导向。理论是思想中的现实，任何重大理论问题都源于重大现实问题，任何重大现实问题都深沉蕴含着重大理论问题。这也是理论的力量所在，不断发展的动力所在；必须坚持系统观念。系统观念是马克思主义重要的认识论和方法论，是我们党基本的思想方法和工作方法，必须坚持系统观念为事业发展不断提供科学思想方法；必须坚持胸怀天下。中国共产党是为中国人民谋幸福、为中华民族谋复兴、为世界谋大同、为人类谋进步的党。必须以世界眼光深刻洞察人类发展进步潮流，积极回应人类关切，为解决人类面临的共同问题、推动建设更加美好的世界而努力。

3. 马克思主义从"中国化"拓展到"世界化"

作为二十一世纪马克思主义的主体形态，习近平新时代中国特色社会主义思想具有怎样的道理、学理、哲理？

二十一世纪马克思主义所指向的既是马克思主义在二十一世纪所形成的理论形态和社会制度，也是指十九世纪的经典马克思主义在二十一世纪的创新和发展。习近平新时代中国特色社会主义思想当之无愧地成为二十一世纪马克思主义的主体形态。二十一世纪马克思主义形成于"中国走向世界"与"世界走向中国"的时空交汇点，极具中国特色社会主义的世界情怀，也承载着马克思主义在中国的神圣使命。

道理，是成功实践之理，是被历史证明正确的理论总结。实践是理论的源泉，理论创新对客观规律的揭示越深刻，对实践活动的指导作用就越强大。习近平新时代中国特色社会主义思想对科学社会主义、中国特色社会主义基本问题及其在二十一世纪的新表现、新特点、新要求进行了深入分析，对强党强国强军的重大问题作了科学回答,使二十一世纪马克思主义展现出极强的时代感、说服力和战斗力。习近平新时代中国特色社会主义思想源于实践又指导实践,紧贴时代发展,把握时代大势,不断在解答时代之问中彰显巨大的实践价值,蕴含着强大的真理力量。

学理,是思想演绎之理,是对实践发生逻辑的理论阐释。二十一世纪马克思主义不仅是当代中国马克思主义在二十一世纪的时间延伸和在世界范围的空间拓展,而且是对人类社会发展规律认识的升华,使马克思主义从"中国化"拓展到"世界化"。在当代中国,坚持和发展习近平新时代中国特色社会主义思想,就是真正坚持和发展马克思主义,就是真正坚持和发展科学社会主义。例如,人类命运共同体理念、总体国家安全观、人与自然和谐共生论等思想为世界提供了中国方案,展现出马克思主义在二十一世纪发展的崭新篇章。

哲理,是历史辩证之理,是对马克思主义基本立场的鲜明体现。马克思主义的立场、观点和方法是习近平新时代中国特色社会主义思想的浓厚底色。例如,"五位一体"总体布局蕴含着历史分析法、辩证分析法、矛盾分析法等马克思主义方法论原则,这些创新思想都体现出当代中国特色社会主义行动指南的原创性、时代性特点,蕴含着丰富的哲理。

中国特色社会主义的社会实践表明,马克思主义具有强大的生命力和现实意义,马克思主义"行"造就了中国共产党"能"。马克思主义是随着时代、实践、科学发展而不断发展的开放的理论体系。因此,马克思主义能够永葆生机活力,不断探索时代发展提出的新课题、回应人类社会面临的新挑战。

正是党的百年奋斗充分检验了马克思主义的科学性和真理性,充分贯彻了马克思主义的人民性和实践性,充分彰显了马克思主义的开放性和时代性,赋予了马克思主义超越时空、历久弥新的强大生命力,使科学社会主义在中国焕发生机。中国式现代化也为世界上的发展中国家提供了新的选择。

（原载于《长江日报》,2022 年 11 月 10 日,略有删改）

调查研究是做好工作的基本功

在 2020 年秋季学期中央党校(国家行政学院)中青年干部培训班开班式上,习近平总书记发表重要讲话。在讲话中,"提高调查研究能力"被摆在解决实际问题必备能力的重要位置,并指出调查研究是做好工作的基本功。这既是对党一贯坚持调查研究优良传统的继承,也为年轻干部在治国理政中解决复杂问题提供了科学的方法指引。

提高调查研究能力,要有政治站位。缺乏政治方向的调查研究,即使做得再扎实,都是"无根的"、徒劳无功的。如果政治站位不坚定,方向就可能产生偏差,调查研究也就南辕北辙,不能解决现实问题。所以,提高调查研究能力,首要的是不断加强政治能力训练,提高政治站位,始终同党中央保持高度一致。唯有不断提高政治站位,才能破除陈旧的思维定式和工作模式。站高望远,才能有大局观,进而明确解决问题的难点所在,为开展调查研究找准方向。同时,要增强政治敏锐性和政治鉴别力,确保政治站位坚定。在任何地点、任何情况下始终坚持政治信仰不变、政治立场不摇、政治方向不偏,始终做到对党忠诚、为党分忧、为党尽责。唯有政治站位坚定,才能不受污风邪气的影响,达到"我自岿然不动"的政治定力,进而为调查研究保驾护航。

　　提高调查研究能力，要有人民情怀。深厚的人民情怀既是我们党全心全意为人民服务根本宗旨的现实要求，也是以人民为中心发展理念的具体体现。年轻干部如果缺乏人民情怀，就很容易摆不正自己的位置。缺乏真心实意的调查研究，必然引发群众的反感。如此调查研究得出来的结论必然假、大、空，依靠如此结论做出来的决策无助于问题的解决。当然，如果人民情怀不深，即便容易"下得去"但"沉不进去"。虽然进村入户，但不能与群众促膝谈心；虽然问计于民，但却容易偏听偏信。增强人民情怀，首要的是放低姿态到群众中去，拉近与群众的空间距离；以诚心打动群众，用诚心换真心，拉近与群众的心理距离。让群众多说话，认真听取群众意见，做好群众的"听众"；让群众说真话，认真思考群众说话的语气、情绪，发掘群众的睿智话语。与此同时，要多听多问多了解，认真倾听，但却不偏听；相信群众，但却不偏信，从而获得对问题的全方位认识。在此基础上，要对群众的意见进行认真研究，全面分析，鉴别真伪；仔细分析，分清主次，从而找准群众的真实心声。

　　提高调查研究能力，要有问题导向。领导干部搞调查研究，要有明确的目的，带着问题下去，尽力掌握调查研究活动的主动权。没有鲜明的问题导向，调查研究就失去了"靶心"。没有"靶心"，调查就变成了一个信息之"筐"，什么都能往里装。固然又多又全，但却让人漫无头绪；研究则变成了一根线索之"针"，什么都能从"眼"中穿。虽然看起来都相关，但却看不清本质。强化问题导向，首要的是把握时代发展脉搏，抓住前沿性、全局性、长远性的大问题；紧扣地方发展需要，关注思考最多、抓得最紧、关系最切的现实问题，在对问题进行系统凝练的基础上，深入基层、深入一线开展有针对性的调查研究。在深入群众之时，要问需于民、问计于民，发现群众关注的热点、难点、痛点和堵点，发掘群众最关心、亟待解决的真问题，找到满足群众期求、符合地方实际、顺合中央精神的真举措，确保办法切实可行。

　　提高调查研究能力，要有扎实作风。调查研究既是一个"从群众中来，到群众中去"的过程，也是一个"发现问题、分析问题、解决问题"的过程。如果缺乏扎实的工作作风，很难做好全过程闭环，更难以取得实质性成效。作风不扎实，调查研究就很容易"走过场"，走马观花转一圈，没有章法要材料，蜻蜓点水见群众，沦为典型的"形式主义"；作风不过硬，就容易好高骛远、急功近利，试图通过一时一地的调查研究做出决策，妄图通过一个主题的调查研究终身受益，看不到客观世界的复杂性、人民群众需求的变化性，是典型的静态思维。坚持无需要多走访、有问题必调研，坚决反对"形式主义"与"官僚主义"做派，坚决反对"伪调查主义"现象，在求实上着力，在求真上努力，在求全上用力。要有扎实的工作作风，就要树立与时俱进的工作作风。坚持调查无止境理念，随时准备修正错误，既尽力而为又量力而行。通过科学调研，对不利于党和人民事业的问题，要坚决地改，让群众有信心；对群众亟待解决的烦心事要及时办，让群众安心；对群众想要解决的难事要努力办，让群众放心。真正把调查研究能力作为开展工作的"必备事"和"基础项"。

　　（原载于人民网·理论频道，2020 年 10 月 26 日）

党史学习教育

学深悟透党史这部厚重史书

　　党史的基本功能是以史鉴今，资政育人。开展党史学习教育，有利于我们汲取继续前进的智慧和力量，深入学习贯彻习近平新时代中国特色社会主义思想，激励全党全国各族人民，满怀信心迈进全面建设社会主义现代化国家新征程；有利于我们从党史学习中汲取思想力量、信仰力量、道德力量和实践力量，学史明理、学史增信、学史崇德、学史力行，不断增强"四个意识"、坚定"四个自信"、做到"两个维护"，从而统一全党的思想、意志、行动，凝聚全国各族人民磅礴的力量，开启全面建设社会主义现代化国家新征程，为实现中华民族伟大复兴而团结奋斗。

　　以史资政。"知古鉴今，以史资政"是历史的重要功能。中国共产党从诞生、成长到壮大，积累了丰富的历史经验。重视从党的历史中汲取智慧和力量是中国共产党的优良传统，是加强党的思想理论建设的重要任务。早在延安时期毛泽东同志就指出："如果不把党的历史搞清楚，不把党在历史上所走的路搞清楚，便不能把事情办得更好。"改革开放时期，邓小平同志讲道，"要懂得些中国历史，这是中国发展的一个精神动力"。习近平同志强调："学习党史、国史，是我们坚持和发展中国特色社会主义、把党和国家各项事业继续推向前进的必修课。这门功课不仅必修，而且必须修好。"了解历史才能看得远,理解历史才能走得远。我们要通过学习党史、新中国史、改革开放史、社会主义发展史,在思想上弄清楚、理解透中国共产党为什么"能"、马克思主义为什么"行"、中国特色社会主义为什么"好"。要回看走过的路、比较别人的路、远眺前行的路,深刻认识红色政权来之不易、新中国来之不易、中国特色社会主义来之不易,进一步增强"四个意识"、坚定"四个自信"、坚决做到"两个维护",切实做到理论上清醒和政治上坚定。

以史育人。中国共产党的历史是中国近现代以来历史中最为可歌可泣的篇章,记载了中国共产党领导人民艰辛探索、顽强奋斗的光辉历程,充满了扭转乾坤、感天动地的强大正能量,是中国共产党人的精神家园。党的十八大以来,习近平总书记多次实地缅怀革命先烈、参观纪念场馆,并强调"要讲好党的故事、革命的故事、根据地的故事、英雄和烈士的故事,加强革命传统教育、爱国主义教育、青少年思想道德教育,把红色基因传承好,确保红色江山永不变色"。学深悟透党史这部"鉴于往事、资于治道"的厚重史书,不仅可以用党的伟大成就激励人,用党的优良传统教育人,用党的成功经验启迪人,还有助于我们树立大历史观,把握历史规律、认识历史必然、掌握历史主动,解决好世界观、人生观、价值观这个"总开关"问题,自觉做共产主义远大理想、中国特色社会主义共同理想和中国梦的坚定信仰者、忠实实践者。

以史强党。中国共产党是中国工人阶级的先锋队,同时是中国人民和中华民族的先锋队。中国共产党已经发展成为一个走过百年光辉历程、在最大的社会主义国家执政70多年、拥有9000多万党员的世界上最大的马克思主义执政党,已探索出中国特色社会主义这条康庄大道。党的历史充分证明,勇于自我革命是我们党最鲜明的品格,也是我们党最大的优势。当前,同向社会主义现代化强国进军和实现中华民族伟大复兴的目标相比,党依然要经受"四大考验"、防止"四种危险",全面从严治党永远在路上。学习党史,有利于我们从党的非凡历程中读懂强党之路,深刻领悟党永葆青春活力的基因密码,始终保持"赶考"的清醒,拿出刀刃向内、自我革命的勇气,在不断解决问题中实现自我超越,永葆我们党的先进性和纯洁性。

(原载于《湖北日报》,2021 年 03 月 31 日)

中国共产党为什么能战胜
"时间"这个敌人

在世界政党史上,"时间"被认为是政党最大的敌人。世界一些著名政党,在长期执政的过程中,逐渐在"时间"这个敌人面前败下阵来。而中国共产党是个例外。面对各种风险挑战,中国共产党始终是中国人民的主心骨,带领中国人民不断创下中国奇迹——百年恰是风华正茂。

百年党史,如何写下中国共产党不断保持党的先进性和纯洁性,不断防范被瓦解、被腐化的危险的历史,为什么"时间"没有成为中国共产党的敌人?

1. 自我革命是永葆先进性和纯洁性的制胜法宝

"时间"是政党最大的敌人,中国共产党很早就意识到了这个问题,早在延安时期,黄炎培就曾向中国共产党提出过。黄炎培对毛泽东说:"一部历史,'政怠宦成'的也有,'人亡政息'的也有,'求荣取辱'的也有。总之,没有能跳出这个周期率。中共诸君从过去到现在,我略略了解的,就是希望找出一条新路,来跳出这个周期率的支配。"——这就是著名的历史周期率之问。

毛泽东同志当时就回答:"我们已经找到了新路,就是民主。只有让人民来监督政府,政府才不敢松懈;只有人人起来负责,才不会人亡政息。"要深入理解毛泽东同志的答案,需回到中国共产党的政党基因中去。

中国共产党一经诞生,就代表着中国最广大人民群众的利益,就自觉担负起实现中华民族救亡图存、民族复兴的重任。从性质上说,中国共产党是中国工人阶级的先锋队,同时是中国人民和中华民族的先锋队,是中国特色社会主义事业的领导核心。中国共产党的初心使命,是为人民谋幸福,为民族谋复兴。这个初心使命反映了人类普遍发展规律,也是人类最高价值追求。这就使得中国共产党从一诞生就站到了人类道德制高点上,成为一个没有自己的特殊利益的政党。

正是这样的政党基因,决定了中国共产党与资产阶级政党有着质的不同。它不是作为"统治集团"而存在,而是作为"两个先锋队",并为实现共产主义远大理想而存在。因此,勇于自我革命也就自然而然成为马克思主义政党最鲜明的品格和最大优势。

历史证明,坚持进行自我革命是我们党永葆先进性和纯洁性的制胜法宝。正因为中国共产党有着强烈的自我革命精神,所以始终自我警醒、自我反思、自我超越,永葆生机和活力。

2. 百年党史就是一部拒腐防变的历史

为什么说百年党史是一部不断防范被瓦解、被腐化的危险的历史?作为一个迅速壮大的党,一个党员人数接近一个大国人数的党,一直保持初心状态其实很难。但是,如果不始终坚守初心的话,就可能降低成以普通标准而不是以先进标准要求自己,就不是先进性政党了。中国共产党始终保持初心不变,不断进行自我革命,风云变化,但是党的先进性标准始终不变、"初心使命"始终不变,这也是中国共产党能够经受"时间"考验的重要原因。

中国共产党百年进程中,为什么要始终强调自我革命,就是在于中国共产党在与时俱进中坚持了变和不变的辩证法。不变的一是无产阶级政党属性,二是为人民谋幸福、为民族谋复兴的初心;而变的是时代条件和具体环境。要在不断变化的时代环境中去保持无产阶级政党属性和初心使命,就必须要适应环境的变化、始终严格要求自己,一方面要保持自己本质的属性和"初心"不变,另一方面要与时俱进,适应环境变化和时代要求,坚持自我革命。

中国共产党从诞生之日起,就面临着一个重大的现实问题,就是"初心懈怠"的问题。党的百年历史,也是一个坚守初心与"初心懈怠"不断斗争的过程。

"初心懈怠"的第一个表现是纪律松弛。政治意识不强,一些党员干部在政治方向、政治立场和政治观点上不够坚定,甚至发生动摇,并导致政治敏锐性、政治鉴别力、政治执行力下降。第二个表现是思想僵化。"初心懈怠"会带来思想僵化、平庸化,导致进取性下降、政治适应性下降。第三个表现是脱离人民群众。思想僵化和平庸化就会脱离群众,并滋生官僚主义;同时,导致党员干部在工作中不了解基层情况,影响了决策。

这些问题和风险,必须始终警惕。所以,中国共产党的百年历程,也是一个不断与"初心懈怠"斗争的过程,百年党史也是不断保持党的先进性和纯洁性,不断防范被瓦解、被腐化的历史。只有谨防和克服"初心懈怠",才能保持党的先进性。要防止"初心懈怠",就必须进行自我革命。

3. 拒腐防变不只是反腐败

党的拒腐防变是一个体系,不只是反腐败。1921年,中共一大通过的党纲就明确规定:"在加入我们队伍之前,必须与企图反对本纲领的党派和集团断绝一切联系。"中共二大通过的《中国共产党章程》专设了"纪律"章节,中共三大通过的《中国共产党中央执行委员会组织法》规定党的会计则"在中央督察之下,管理本党财政行政,并对于各区各地方及本党一切机关之财政行政负责"。中共四大通过的《中国共产党第二次修正章程》中,进一步强调了党的纪律。1927年的中共五大,首次设立党的纪律检查机构,将监察委员会写进党章,建立党的纪律检查制度。此外,中共五大还第一次将"政治纪律"概念引入党的纪律检查制度,指出"党内纪律非常重要,但宜重视政治纪律"。监察委员会不但监督党员,还监督中央委员,其职能不只是监督党员的经济行为,还包括党员的政治行为和生活作风问题。到了中共八大,党强化了监察委员会的职能,加强了对党的各个机关的监督,监察委员会不但要监督党员,还要监督国家行政机关。

中国共产党的凝聚力和战斗力,靠政治、思想、组织建设,靠不断完善的制度。我们今天为什么要学党史? 就是要在当下这个历史关键时期坚定信念,凝聚力量。

中国共产党的百年历史进程中,最让人感动的是为了革命信仰而舍生忘死的一代代共产党人。信念是内化的纪律,党的历史上有多次"整风"式党性教育,进行思想上的洗礼和改造,这对保持党的纯洁性和先进性十分重要。党史的学习非常重要,正如习近平总书记所强调的:"历史是最好的老师,我们党的历史是中国近现代以来历史最为可歌可泣的篇章,历史在人民探索和奋斗中造就了中国共产党,我们党团结带领人民又造就了历史悠久的中华文明新的历史辉煌。一切向前走,都不能忘记走过的路,走得再远、走到再光辉的未来,也不能忘记走过的过去,不能忘记为什么出发。"重视历史、研究历史、借鉴历史,可以给我们带来很多了解昨天、把握今天、开创明天的启示。了解我们党和国家事业发展的历史,汲取我们党和国家发展的历史经验,正确了解党和国家历史上发生的重大事件、重要会议、重要人物,这对正确认识党情、国情十分必要,对开创未来也十分必要。

在政治上、思想上,我们要不断锤炼自己党性,不断用马克思主义中国化的最新理论成果来武装自己。重大理论都是为解决重大现实问题而产生的,这是因为重大的现实问题的解决,要求有重大理论的出现。当前,我们要用马克思主义中国化的最新理论成果,也就是习近平新时代中国特色社会主义思想武装全党,这不仅是坚持和发展中国特色社会主义的必然要求,也是实现"两个一百年"奋斗目标、实现中华民族伟大复兴中国梦的必然要求,是推动全面从严治党向纵深发展、永葆党的先进性和纯洁性的必然要求。

4. 中国共产党比西方政党接受更多监督

西方有一种观点,两党制或多党制可以最大限度约束权力、遏制腐败。这是一个天大的谬误。这只看到了西方政党制度的形式,没有看到实质。

表面上看,西方是三权分立,两党或多党轮流执政,但实际上,以美国为例,它的权力中心在参众两院,而参众两院的议员流动性很弱,没有太多监督。

中国共产党不一样。我们的干部培养是实质上的民主,我们的干部都是从基层一步一步干起来,是经过严格考察和选拔的优秀分子,经过了充分的历练,这保证了选人用人的相对纯粹性和稳定性。

从监督体系看,中国共产党除了党内监督,还有民主监督、司法监督、群众监督、舆论监督等,也要接受历史的检验,这些,都是党不断保持先进性和纯洁性的重要力量。

总之,作为"两个先锋队"组织的中国共产党,与西方资产阶级政党有着本质的区别。无论西方政党如何标榜自己"超越阶级",打着所谓"人权""民主"的幌子博得舆论、骗取选票,其最终目的还是维护少数人的利益。用西方政党理论来解释中国和中国共产党,是行不通的。这也是我们要构建有中国特色的学科体系、学术体系、话语体系的重要原因。

（原载于《长江日报》,2021 年 04 月 23 日,略有删改）

中国共产党的百年历史就是
一部人权宣言

2021 年 6 月 24 日,国务院新闻办公室发表《中国共产党尊重和保障人权的伟大实践》白皮书。白皮书写道,2021 年是中国共产党成立 100 周年。中国共产党的 100 年,创造了尊重和保障人权的伟大奇迹,谱写了人权文明的新篇章。这部白皮书对于我们深入理解中国共产党的伟大实践具有重要意义。

1. 没有中国共产党,就没有中国人权事业的不断发展进步

在中国共产党成立百年之际,国务院新闻办公室发表《中国共产党尊重和保障人权的伟大实践》白皮书,全面系统介绍了中国共产党在尊重和保障人权方面的理念和实践,意义重大,影响深远。党的百年历史充分证明,没有中国共产党,就没有中国人权事业的不断发展进步。

白皮书指出:中国的人权发展扎根本国土壤,服务本国人民,取得了举世瞩目的成就。这充分说明中国的人权发展道路走得通、走得好,中国人权状况处于历史最好时期,任何不带偏见的人都无法否认这一点。中国坚定维护世界和平,坚持以合作促发展,以发展促人权,积极参与国际人权事务,为全球人权治理贡献中国智慧、提供中国方案,推动世界人权事业发展。

2. 人民幸福生活是最大的人权

白皮书指出:"生存权、发展权是首要的基本人权",生存权是享有其他权利的前提和基础,是处于首要地位的权利。发展权与生存权紧密相连,坚持在发展中保障和改善民生,以发展促人权,努力推动人权事业全面发展,促进人的全面发展。

促进人的全面发展,是中国共产党领导中国人民实现社会主义现代化强国的奋斗目标,也是中国人权事业发展的最高追求。坚持中国共产党领导、社会主义制度与尊重和保障人权相统一,坚持以人民为中心,不断完善和发展人民群众的生存权和发展权,人民群众的幸福指数不断提高。

中国共产党在人权上的政治原则是人民当家作主,人民当家作主的实现主要体现在民主、自由、平等权利的获得和实现上,不仅受到法律的保障,也是社会主义核心价值观的重要内容。

100 年来,中国共产党坚持人民至上,坚持将人权的普遍性原则与中国实际相结合,坚持生存权、发展权是首要的基本人权,坚持人民幸福生活是最大的人权,坚持促进人的全面发展,不断增强人民群众的获得感、幸福感、安全感,成功走出了一条中国特色社会主义人权发展道路。

3. 为人民争取生存权,为人民发展提供最大空间

首先,中国共产党为中国人民争取了生存权。中国自 1840 年鸦片战争之后,逐步沦为半殖民地半封建社会。中国丧失了政治、经济、文化上的独立,中国人民,尤其是广大农民,深受帝国主义、封建主义、官僚资本主义三座大山压迫,他们日益贫困以致大批破产,过着饥寒交迫和毫无政治权利的生活。中国共产党诞生后,中国人民在精神上从被动转向主动。中国共产党成立之初,就历史性地肩负起了为中国人民谋幸福、为中华民族谋复兴的光荣使命,并且在一步步的实践中,最终实现了中华民族的独立和中国人民的解放,将中国

人民从水深火热中解救出来,为中国人民争取了基本的生存权。

其次,中国共产党为中国人民的发展提供最大空间。新中国成立以来,颁布并且实施了一系列法律法规,保障人民基本的受教育权、就业权等各项权利。随着新中国快速发展,中国人民拥有了更大的人生舞台和时代机遇,各行各业的人才在新中国成立以来激流涌动,实现了最大程度的发展。

习近平总书记深刻指出:"中国人民实现中华民族伟大复兴中国梦的过程,本质上就是实现社会公平正义和不断推动人权事业发展的进程。"坚持中国共产党领导、社会主义制度与尊重和保障人权相统一,坚持以发展促进人权保障,坚持以人民为中心的人权理念,坚持以促进人的全面发展为目的,坚持以构建人类命运共同体为使命,中国共产党成功走出了一条符合国情的人权发展道路,丰富发展了人权文明多样性,在中国大地上留下了为人民谋幸福、为民族谋复兴的丰碑,在世界文明史上书写了为人类谋和平发展、构建人类命运共同体的光辉篇章。

4. 中国共产党紧紧围绕"以人民为中心"来保障人权

我们的人权观与西方国家政党口中的"人权",根本上是不同的。中国共产党倡导和践行的人权与西方政党宣称的人权有着质的不同。中国共产党的初心使命是为人民谋幸福、为民族谋复兴,其性质宗旨要求是全心全意为人民服务,除了为人民服务外没有任何私利,这是中国共产党一切人权保护工作的出发点和落脚点。

也就是说,我们是紧紧围绕"以人民为中心"的实际来保障人权。比如:新冠疫情初期,为隔离感染源,控制传播链,将疫情影响范围降到最小,以巨大的勇气和代价对武汉采取了"封城"等举措,为保护人民的生命安全和身体健康,号召人民佩戴口罩,一系列措施最终达到了良好的成效。

西方资本主义国家的执政党执政的根本目的是维护自身的利

益,确保极少数人的利益不受到损害。对内,只对少数人的人权负责,对广大人民群众的人权则视而不见;对外则经常披着"人权保障"外衣实行"政治干预"。从西方国家实际的一系列政治操作来看,西方国家所提倡的一系列"人权""民主"等观念,只是为了将自己国家的资产阶级思想渗透进其它国家。

对平等和自由的追求是人类社会共同追求的目标。从人类思想史的角度来看,平等观点是与人权观念携手共进的。平等之于人权就如灵魂之于生命,平等自由应该是西方资本主义国家解决国内民族歧视、贫富悬殊的基本要求和准则,而不是动辄干涉别国内政的借口和外衣。

(原载于《长江日报》,2021 年 07 月 01 日,略有删改)

不忘初心牢记使命不断提高党的创造力

党的十九大报告指出,五年来,党的创造力、凝聚力、战斗力显著增强。党的创造力是党的建设的一个重大命题,事实上,党的创造力不仅是由无产阶级政党基因决定的一种独具优势的"先天"禀赋,更是中国共产党在长期的革命、建设和改革实践中持续不断的"后天"养成的。因此,不断提高党的创造力是马克思主义执政党建设的永恒课题。

一

历史证明,党之所以能够领导人民不忘初心、牢记使命,持续前行,就是因为党始终保持极强的创造力、凝聚力、战斗力,始终走在时代前列,才使党成为人民衷心拥护、勇于自我革命、经得起各种风险考验、朝气蓬勃的马克思主义政党。

首先,党领导人民创造性地走出了一条夺取中国革命胜利的正确道路。中国共产党的诞生是马克思主义理论与中国工人运动相结合的产物。马克思主义理论在中国的传播、俄国十月革命的影响和国际共产主义的帮助,推动了中国共产党的诞生,从此以后中国革命的面貌焕然一新。在马克思主义理论的指导下,中国共产党创造性地创立了具有中国特色的新民主主义革命理论,开创了农村包围城市、武装夺取政权的革命道路;领导中国人民推翻了三座大山压迫,结束了中国分裂的局面,实现了中国人民梦寐以求的独立、自由、民主和统一,中国人民从此站起来了。

其次,党领导人民创造性地开创了一条中国特色社会主义的建设道路。新中国成立后,党根据中国的具体国情,采取了社会主义工业化和社会主义改造同时并举的方针,在社会主义的历史上第一次以和平的方式完成了对生产资料私有制的改造,使占世界人口四分之一的中国平稳进入了社会主义社会,实现了中国历史上最广泛最深刻的社会变革。在进入社会主义建设的过程中,虽然历经曲折,但也积累了丰富的经验。党的十一届三中全会实现了党的工作重心的历史性转折,开创了以经济建设为中心和以改革开放为标志的历史新时期。以邓小平同志为核心的党的第二代领导集体,总结了国内国际正反两方面的经验,确立了党在社会主义初级阶段的基本路线。通过改革开放和经济建设,极大地解放和发展了生产力;提出了"一国两制"的伟大构想,并逐渐成为现实。以江泽民同志为核心的党的第三代领导集体,创造性地提出"三个代表"重要思想,确立并坚持了社会主义市场经济的改革方向,把发展作为党执政兴国的第一要务,坚持用改革和发展的办法解决发展中的问题,推动我国经济社会持续快速发展,不断开创现代化建设的新局面。党的十六大以来,以胡锦涛同志为核心的党中央,确立了以人为本的科学发展观,用以统领经济社会发展全局,全面推进社会主义经济、政治、文化和社会"四位一体"建设,推动经济社会转入全面协调可持续发展的轨道。在社会主义条件下强调科学发展,强调计划和市场并用,是前无古人的伟大创举;改革开放的持续推进,社会主义市场经济体制的逐步建立,为经济社会发展提供了强大动力,使社会主义在中国展示出蓬勃生机和活力,党领导人民从此走上强国富民之路。

再次，党领导人民创造性地探索了一条实现中华民族伟大复兴的中国道路。党的十八大以来，以习近平同志为核心的党中央高举中国特色社会主义的伟大旗帜，牢牢把握我国发展的阶段性特征和人民群众对美好生活的向往，创造性地提出了一系列发展的新思路、新战略和新举措，强调坚持"四个自信"，积极开展供给侧结构性改革，提出"四个全面"战略布局、"五位一体"的总体布局和五大发展理念及实现"两个一百年"的奋斗目标，创造性地把中国特色社会主义推向实现中华民族伟大复兴的发展新阶段。同时，创造性地加强党的建设，出台了"八项规定"，坚决反对"四风"，开展党的群众路线教育实践活动和"三严三实"专题教育，推进"两学一做"学习教育常态化制度化，加强大反腐力度，创造性地推动党的自身建设，全面提高了党的创造力、凝聚力、战斗力、领导力、号召力。

二

党的创造力从何而来，总体而言，党的创造力来源于党的红色基因。政党基因是政党在发展过程中所形成和累积的具有自身特质的信息单元，储存着政党的基本特性和基本信息，包含着此政党不同于彼政党的根本特性。政党基因作为政党的生命元素与动力引擎，蕴含着政党的传承动力，凝结着政党的激情活力，承载着政党的阶级情怀，弘扬着政党的历史使命，是引领政党宗旨、涵养政党理论、指导政党实践的源动力。

党的基因涵养的马克思主义理论，是党拥有伟大创造力的根本指南。政党理论不仅反映政党的性质、使命和目标，也反映政党的"血脉"和"初心"，是政党价值观和理想的重要体现。无产阶级政党基因决定了我们必须坚持马克思主义理论的指导。"理论一经掌握群众，也会变成物质力量"。正因为如此，马克思主义政党理论才对现实具有很强的指导意义,才具有强大的生命力。马克思主义理论就是在同各种错误思想的斗争中发展和完善起来的。

我们从哪里来,到哪里去,为了谁,依靠谁? 这是一个政党必须深刻回答的问题。中国共产党全心全意为人民服务的宗旨就回答了这个问题,并且成为党拥有伟大创造力的根本原因。立党为公、执政为民,全心全意为人民服务是党的根本宗旨,是党同其他一切剥削阶级政党相区别的根本。正是因为全心全意为人民服务的根本宗旨,使党的目标远、境界高。为实现这一远大目标,党始终坚持历史唯物主义和科学的世界观和方法论,始终坚持共产主义的远大理想和社会主义的坚定信念,始终走在时代前列。全心全意为人民服务的宗旨,使党具有彻底的奉献精神,始终坚持情为民所系、权为民所用、利为民所谋,始终把实现好、维护好、发展好最广大人民的利益作为工作目标。全心全意为人民服务的宗旨,决定了党具有强大的自我更新能力,始终坚持批评和自我批评,始终保持蓬勃朝气、昂扬锐气和浩然正气。全心全意为人民服务的宗旨,决定了党始终以国家富强、民族振兴和人民幸福为己任,团结一切可以团结的力量,调动一切积极因素,组织起最广泛的统一战线,凝聚起实现中华民族伟大复兴的强大力量。

（原载于人民网·理论频道,2017 年 10 月 26 日）

念好三字诀　推进全域党建向纵深发展

中国特色社会主义最本质的特征是中国共产党领导，坚持和发展中国特色社会主义必须着力推进党的建设新的伟大工程。在新时代经济社会高质量发展背景下，生产要素加速流动，社会结构深刻变动，利益格局深刻调整，民众思想观念深刻变化，这对党的建设提出了更高要求。在党的创造力、凝聚力、战斗力显著增强，焕发出新的强大生机活力的同时，以层级、单位、体制、职能等为界限来设置党组织以开展党建工作的方式，也存在一些薄弱环节，集中体现为组织覆盖有空白、党建引领有弱项、为民服务难到位等问题。

党的十九大报告指出，"推进党的基层组织设置和活动方式创新，加强基层党组织带头人队伍建设，扩大基层党组织覆盖面，着力解决一些基层党组织弱化、虚化、边缘化问题。"党的十九届四中全会《决定》中又进一步要求"实现党的组织和党的工作全覆盖。""全域党建"作为一种新的党建创新模式，不是对传统党组织设置方式的否定，而是因时而设、因事而设党组织，以确保党组织全覆盖，具有内生性高、针对性强的特点；也不是对传统党建活动的否定，而是因需而联、因地制宜开展党建活动，以确保同向发力，具有灵活度高、拓展空间大的特点。这种探索不仅让广大党员有充分发挥先锋模范作用的舞台,对于推动基层党组织发挥好坚强战斗堡垒作用具有重要价值。要推进全域党建向纵深发展,必须在"精""活""实"上着力,以破除党建实践工作中的突出难点。

1. 念好"精"字诀,构建有效衔接机制

传统党建是依靠设置的建制性党组织开展活动,党组织的纵向动员力强,但党组织之间因层级、单位、职能等有形界限的存在而难以整合以充分发挥其政治优势。全域党建是依据中心工作和重点任务设置的非建制性党组织开展活动,是对建制性党组织的补充和完善。两者是各有特色、相得益彰且整体联动的,这就要着力破除两类党组织因衔接不畅而使党建工作相互抵牾问题。一是要防止选择性替代。全域党建是以中心任务为核心将各级各类组织、单位、人员整合到一起的,其中的党员既要参与建制性党组织的常规政治活动,又要在各类联合党组织中发挥事务性的先锋作用。但中心任务的重要性很容易使党员厚此薄彼,造成参与失衡。二是要防止结构性断裂。不论是建制性还是非建制性党组织,都是党的组织,都要承担着发挥战斗堡垒作用和激发党员先锋模范作用的重任。但两者在设置形式、人员来源和工作模式上都存在一定程度差异,很容易因看起来形式上有关联而实质上无关系而出现组织断裂,进而影响党组织政治优势的发挥。

为了确保衔接顺畅,应在"精"字上着力。一是构建精准对接机制。联合党组织不是天上掉下来的,而是对建制性党组织中的党员进行重新组合下的结果。这就需要将党员的政治性活动与事务性参与统合起来,既要避免因重复性活动而导致党员疲于参与,也要避免因多头参与而顾此失彼,实现从简单"捆绑"向精准统合转变。二是构建精细承接机制。非建制性党组织是对建制性党组织的补充,两者既不是互不相关,也不能各自发展。必须要在社会整体转型升级的历史新变革中看两者的衔接,在全局性思维中构建责任明确、务实有效、配套顺畅的承接机制,破除互通有限、互联不力的断裂局面。

2. 念好"活"字诀,构建有序整合机制

传统党建以建制性实体为单位,很容易形成"自留地"思维。全域党建是以中心任务和重点工作的实际需要为核心设立联合党组织,以联合党组织整合各方资源和力量。它能够实现从"就党建谈党建"到"因问题强党建"的转变,让广大党员抱团朝着统一目标前进,但必须要防止联合党组织因整合不力而使党建发展低效问题的发生。一是要防止党员有合作而没有合力。全域党建首先要在形式上破除不同层级、体制或区域的界限,实现基于中心工作的党员合作,更重要的在于让合作的党员抛开"自留地",唱好"群英会",从而全方位发挥好党员先锋模范作用。这不仅需要在心理上实现认同的突破,更需要在行动上产生真正的合力,避免出现"看起来热闹、动起来有限、算起来低效"的局面。二是要防止资源有聚合而没有联动。全域党建是以实际需求为导向来调动各方资源以解决问题。但从资源的聚集、联合到统筹联动有一个过程,这涉及由谁来统筹,如何统筹,统筹后如何用得好等一系列问题。如果这些问题处理不好,资源的联动就难以实现,组织、工作、机制的全面融合也只能是一句空话。

为了实现各方资源和力量的有序整合,应在"活"字上着眼。推进全域党建,绝不是党组织的简单相加,也不是党员的简单合作,更不是资源的简单聚拢,应是基于共同价值目标下相关党员、相应资源的真统合真发力。一是构建弹性联合机制。全域党建的推进不是凭空的,应在党建引领的总体框架下适应经济社会发展需要来推进,要在因需而联上实现因地制宜、因时制宜、因事制宜,以有助于解决问题、推动工作为先导,不搞"一刀切",也不搞"强行捆绑",真正将理念共同者吸纳进入、同向发力。二是构建柔性配合机制。全域党建要在强调活动开展的规范性、制度保障的有效性和考评奖惩的科学性之外,突出党员的价值融入性、资源的协调联动性和考评的动态灵活性,以柔性机制克服刚性约束的弊端,确保共建共融、整合有力。

3. 念好"实"字诀,构建有力下沉机制

基层是党建工作的基础和关键处。全域党建以整合各方面的人、财、物等资源来解决实际存在的各种难题,其着眼点也在基层社会。要让各界各类联合党组织能否真正将资源下沉到一线、深入到问题解决之中,就要着力破除因资源下沉不力而出现的党建"形式主义"现象。一是要防止沉而不力。全域党建是围绕重点任务展开的,但重点任务不是臆想的,也不是凭空生成的,是要在深度的进村入户走访中发现、收集并分析研判而确定的。如果各级各类党员是基于任务式的下沉,或者说为了下沉而下沉,就会存在行动向下而观念向上,很难以把问题找准,把情况摸透,把解决举措落实到位。二是要防止沉而不实。全域党建是对传统党建的全面拓展,侧重实际,依托实体,解决实事。如果不能聚焦群众的操心事烦心事揪心事,就会造成事非民所需;如果不能将资源落在具体的事务、单位或人员上,就会造成没有实体依,从而使全域党建工作失去应有的价值。

为了确保全域党建的下沉能真正到位,应从"实"上着手,确保"一分部署,九分落实,十分保障"。一是构建务实下沉机制。全域党建力图打破层级、体制、区域、职业等多重限制,其中最难的是上下的层级障碍,要创新机制让各级各类联合党组织要活动到位、党员要行动到位,杜绝上面要求做什么下面就简单被动执行的问题,严防单位简单派驻党员到基层完成任务的现象,让党员在沉到一线、深入前线中把任务、政策和措施落得更实、做得更细,确保精准发力。二是构建扎实保障机制。没有保障的下沉只能是形式主义。要在理念上充分贯彻以人民为中心观念,在实践上充分尊重联合党组织及其党员

的主体性、能动性和创造性,在落实上充分依托有力的实体进行资源承接,确保做扎实、接地气、能拓展。

　　(原载于中共南阳市委组织部—南阳先锋,2021 年 07 月 05 日,略有删改)

中国精神和中国力量的生命力所在

　　青年兴则国家兴，青年强则国家强。习近平总书记指出："青春理想，青春活力，青春奋斗，是中国精神和中国力量的生命力所在。"这一重要论述对当代青年的社会属性、本质属性和价值属性作出了全新阐释，是新时代青年成长成才的精神力量、行动指南。在庆祝中国共产主义青年团成立 100 周年大会上，习近平总书记发表重要讲话，对青年提出了殷切期望。当前，全党全国各族人民正意气风发向着全面建成社会主义现代化强国目标迈进，中华民族伟大复兴进入更加吃劲的关键时期。当代青年生逢伟大时代、肩负强国使命，唯有始终保持青春理想、青春活力、青春奋斗，在聚焦时代大主题中善用"大思政课"铸魂育人，才能不负青春、不负韶华、不负人民，让青春在全面建设社会主义现代化国家的广阔天地中绽放绚丽之花。

　　青春理想以担当汇聚能量。习近平总书记指出："火热的青春，需要坚定的理想信念。"崇高的理想信念是中国共产党人的精神支撑，支撑了一代代共产党人为人民、为国家、为民族前赴后继的奋斗，成为中国人民从站起来到富起来再到强起来的巨大动力，成为党百年历程中最可宝贵的红色基因。当代青年是中国特色社会主义事业的建设者和接班人，他们是否值得信赖，能否堪当大任，不仅关系到中国特色社会主义的现实境遇，还关系到国家和民族的未来命运。

纵观当代青年,他们的价值观积极向上,能够自主找到马克思主义信仰的正确打开方式,他们不仅对自己的个人成长和未来生活有着独特的规划设计,还能够保持对传统文化的传承、对社会思潮的敏感、对重大问题的关切。不可否认,受复杂因素影响,社会价值取向日益多元,拜金主义、享乐主义、奢靡之风等不良社会风气依然存在,传播在现实生活中的戏谑文化四处可见,有的青年心理脆弱,矫揉造作,无病呻吟;有的青年顺从环境,妥协困难,惧难偷懒。当前,我国正处在向第二个百年目标奋进的重要时期,还有不少"攻坚战"要打、"硬骨头"要啃、"娄山关"要闯、"腊子口"要过,当代青年与社会一道承受着来自方方面面的挑战与考验,不可避免地存在信仰彷徨、学业压力、情感困惑、交往烦恼等问题,他们在梦想的征程中难免会有困惑的阶段,在成长的道路上难免会有迷茫的时期,在出彩的求索中难免会有纠结的片刻,但他们并没有因为困难而停滞、因为阵痛而后退、因为压力而逃离,而是始终坚守初心,坚定对马克思主义的信仰、对中国特色社会主义的信念、对实现中华民族伟大复兴中国梦的信心,把人民对美好生活的向往作为奋斗目标。这就是新时代的中国青年,他们豪迈自信地走在中国特色社会主义的大道上,大力弘扬伟大建党精神,时刻保持家国情怀和责任担当,自觉地将个人命运与国家命运紧密相连,把个人梦想与民族复兴紧密相连,用正能量感召着朋辈为党和人民建功立业的时代洪流中贡献青春智慧和力量。

青春活力以激情澎湃春潮。习近平总书记指出:"展望未来,我国青年一代必将大有可为,也必将大有作为。这是'长江后浪推前浪'的历史规律,也是'一代更比一代强'的青春责任。"当代青年是一群特殊而又重要的群体,他们大多为"00后",而且大部分是独生子女,是成长在新世纪的新一代,他们接触的信息多,学习热情高,接受能力强,个性鲜明、头脑敏捷、思维活跃;他们正值花样年华,正当青春无限,正将释放活力,渴望被关注、被接纳、被认可;他们是一支"以青春之我，创建青春之家庭，青春之国家，青春之民族，青春之人类，青春之地球，青春之宇宙"的青春力量。在庆祝中国共产党成立100周年大会上，共青团员和少先队员代表们集体致献词。面向天安门城楼，他们对党许下了青春的誓言。一句"强国有我，请党放心"响彻天安门广场，字字铿锵有力，动人心弦，充分展示出青年该有的模样。今年的冬奥会上，我们看到，"雪场凌空"的谷爱凌，"一鸣惊人"的苏翊鸣，"龙腾虎跃"的李文龙……青春的热情与赛场的冰雪相逢，蓬勃的青春力量用努力书写出青春最美的样子，用汗水激荡出时代最澎湃的浪花。诚然，点赞青年的活力之余，也不乏有一些奇谈怪论混淆视听，有的人把当代青年"个性鲜明"曲解为"个性异化"，"崇尚自由"等同于"自由散漫"，并认为他们因循守旧、满足现状，不思进取、坐享其成，这些标签化的认知，虽然片面地掩盖了他们丰富的时代面貌，但不能遮掩其激情满怀、朝气蓬勃、奋发向上的精神风貌。我们可以看到，捍卫主权的正义面前响彻着他们振聋发聩的呐喊，新冠肺炎疫情防控的关键时刻镌刻着他们义无反顾的身影，永不停息的创新创业迸发着他们充沛强劲的活力，激情似火的社会实践深嵌着他们砥砺前行的脚步，崇尚真理的学业生涯厚积着他们好学深思的坚守，鱼龙混杂的网络世界回荡着他们旗帜鲜明的强音，他们激情澎湃、担当作为、干事创业、引领潮流，一张张朝气蓬勃的脸庞上，时刻洋溢着令人欣慰的精气神，永远充斥着敢于担当的正能量。这就是新时代的中国青年，困难面前不屈服，挫折面前不回头，委屈面前不抱怨，始终走在时代前列，用积极的行动诠释活力的内涵，用独特的创造激荡澎湃的春潮。

　　青春奋斗以创新创造未来。习近平指出："奋斗是青春最亮丽的底色，行动是青年最有效的磨砺。有责任有担当，青春才会闪光。青年是常为新的，最具创新热情，最具创新动力。"青春是奋斗者最靓丽的节点，风华正茂的青年人思想活跃、精力充沛，思想更多元、视野更宽广,也更加开放自信。他们开拓进取、奋发有为,建功立业的舞台空前广阔,梦想成真的前景无限光明。每一位青年都可以把握属于自己的时代际遇和机缘,都可以在自己所处的时代条件下成就人生。幸福是奋斗出来的,奋斗的青春最美丽。站在过去与未来的梦想交汇点上,当代青年深知"天上不会掉馅饼,努力奋斗才能梦想成真",他们充分捕捉一切合宜时机,以精进的态度求学问、以不倦的精神探新知、以务实的态度谋实践,既抬头看路又埋头奋斗,既仰望星空又深入思考,既胸怀美好又务实重干,始终用积极的、正面的态度去面对人生、感染他人、服务社会。马克思指出,世界上没有孑然独立的纯粹个体,一个人只有融入社会生活的大潮中,融入时代发展的主流中,才能为自我价值的最大实现提供最基本的保障。实践证明,不同时代有不同的主题和矛盾,不同的主题和矛盾需要不同的奋斗方式去解决。时代的场景在切换,青年的责任不改变。直观当下,当代青年寻求进步的愿望更加迫切,积极奉献的态度更加强烈,创新创业的热情更加豪迈,从"加工场"到"创工场",从"中国制造"到"中国创造",从"大众创业"到"万众创新",他们积极融入创新创业创优,抢抓"人人皆可成才、人人尽展其才"的宝贵机遇,以永不懈怠的追求、只争朝夕的精神、不断超越的气魄,在创新创业的大潮中引领时代潮流,实现自身价值,成就人生梦想。

青春之课以思政铸魂育人。习近平总书记在中国人民大学考察时强调:"青少年思想政治教育是一个接续的过程,要针对青少年成长的不同阶段,有针对性地开展思想政治教育。"思政课是落实立德树人根本任务的关键课程。"上思政课不能拿着文件宣读,没有生命、干巴巴的。"这是习近平总书记对上好思政课的殷切嘱托。培养担当民族复兴大任的时代新人,就要善用"大思政课",立足世界大变局,着眼历史大视野,聚焦时代大主题,把理论供给与个人需求、知识传授与情感共鸣、传统优势与信息技术、课堂教学与社会实践有机结合起来,聚焦青年学生所思、所想、所盼、所求,有针对性地进行"滴灌",讲道理讲情理、讲现实讲事实,把内容讲深、讲透、讲活,字字讲到最"渴"处、句句暖到心坎上,以此来解答思想疑惑、拉直心中问号、祛除心头迷雾,达到沟通心灵、启智润心、激扬斗志的效果,引导青年沿着求真理、悟道理、明事理的方向前进,真正为青年点亮理想的灯、照亮前行的路。同时,要把学校小课堂与社会大课堂有机结合起来,让思政课教学深入工厂车间、社区军营、田间地头、弄堂小院,教育青年在中国特色社会主义实践最生动、最火热的地方认识国情、丰富阅历、磨炼意志、增长才干,引导青年用脚步丈量祖国大地,用眼睛发现中国精神,用耳朵倾听人民呼声,用内心感应时代脉搏,把对祖国血浓于水、与人民同呼吸共命运的情感贯穿学业全过程、融汇在事业追求中,奋力在青春的赛道上奔跑,争取跑出当代青年的最好成绩。

(原载于《文化软实力》2022 年第 2 期)

"初心"：融入党员血脉保持政党持久生命力的基因所在

党的十九大报告指出，"中国共产党人的初心和使命，就是为中国人民谋幸福，为中华民族谋复兴。"习近平总书记强调，这个初心和使命是激励中国共产党人不断前进的根本动力。党的十九届四中全会通过的《中共中央关于坚持和完善中国特色社会主义制度推进国家治理体系和治理能力现代化若干重大问题的决定》指出，要建立不忘初心、牢记使命的制度。政党初心就是政党的基因，有其特点的内涵、功能和作用。

1. 政党基因及其内涵

每个政党都会在自身发展过程中培养形成彰显党的性质、宗旨和特质的品格，几经沉淀便形成了政党基因。政党基因是一个政党最基本的特性。政党基因是先于政党存在、支撑政党客体、彰显政党使命、演绎政党生命、规定政党纲领、决定政党宗旨的本质要素，是支撑一个政党形成和不断发展壮大的最坚实基础，也决定了一个政党从哪里来，到哪里去，依靠谁和服务谁，并在政党的指导思想、奋斗纲领，以及政党实践中集中展现出来。

习近平总书记多次强调，要"让红色基因代代相传"，要"不忘初心"，就是强调要坚定共产党人的理想信念，不论时代如何变化，不论条件如何变化,都要自觉做共产主义远大理想和中国特色社会主义共同理想的坚定信仰者和忠实实践者。不忘初心,传承红色基因,其实是在强调政党基因的重要性。探讨政党基因,就是揭示政党在发展过程中长期镌刻在党员灵魂深处,血脉相承,并有效凝聚广大党员干部以及始终保证政党本色"密码"的重大问题。

可以说,政党基因是政党有效开展政党活动的基本前提,决定着政党进行政党活动的基本目标和方向,而政党初心就是先天融入党员血脉之中,形塑党员魂魄进而保持一个政党持久生命力的基因所在。政党基因是政党根本性质、根本形态和基本行为模式的最根本塑造力量,也是政党始终代表自身阶级利益,保持自己性质、宗旨始终不变以及在时空中传承政党属性的"密码"。

2. 政党基因的功能与作用

大体而言,政党基因的功能主要体现在以下三个方面。

其一,政党基因保证初心传承。政党在自身发展过程中,需要根据环境的发展变化与时俱进,在自我传承的基础上进行自我超越。政党的自我传承和超越,不仅是简单地继承政党的制度、符号、观念,更要传承政党的性质、宗旨,更重要的是继承政党信仰与使命。因此,政党基因的传承,最重要的就是政党初心的传承。

其二,政党基因决定政党能力。从根本上来说,政党能力及其行为的有效性和政党生命系统的运转状况、健康状况都是由政党基因决定的。政党基因的活力影响着政党生命的活力和健康状况,是决定政党能力的基础力量。政党基因的应变能力越强,活力也就越强,对社会制度环境的适应度就越高,也就具有更强的生存和发展能力。

其三,政党基因规范党员行为。政党的内生性,表现为党员的信仰状态、心理结构、行为特质等;政党基因的延展性,主要体现在它对党员行为的规范上。作为更深层次的影响因素,政党基因往往具有可默会性,一名党员通过入党申请、考察考核、入党宣誓等形式,从入党的那一刻起，无需进行明确的语言表述就可以理解政党基因。事实上，一个政党对党员进行入党前的培训、入党宣誓等仪式，就是一个政党基因"植入"的过程，通过庄严的符号表达，传递政党基因的血脉。正是政党基因这种深层次的影响力，才使一个政党成为整体，也才使党员个体能够受到政党核心价值观的影响进而形成价值认同。这种认同表现为对"什么是党"的回答，包括了对该党"从哪里来""现在何处""将去何方"等历史密码的寻求，也正是政党基因为每位党员提供的这种可默会性的答案，使政党"血脉"融入到每位党员的内心深处。

（原载于《中国社会科学报》，2021年06月21日，略有删改）

中国式现代化

中国共产党与中国式现代化

习近平总书记在庆祝中国共产党成立 100 周年大会上的讲话中指出,1840 年鸦片战争以后,中国逐步成为半殖民地半封建社会,国家蒙辱、人民蒙难、文明蒙尘,中华民族遭受了前所未有的劫难。从那时起,实现中华民族伟大复兴,就成为中国人民和中华民族最伟大的梦想。党的二十大报告指出:"从现在起,中国共产党的中心任务就是团结带领全国各族人民全面建成社会主义现代化强国、实现第二个百年奋斗目标,以中国式现代化全面推进中华民族伟大复兴。"①

究竟何谓现代化? 1951 年 6 月,在美国学术刊物《文化变迁》杂志编辑部举办的学术讨论会上,与会者认为,可以使用"现代化"一词来概括从农业社会向工业社会的转变。1958 年,丹尼尔·勒纳出版的《传统社会的消逝:中东现代化》一书首次公开将从传统社会向现代社会的转变称作现代化。尽管不同的现代化理论流派对现代化有不同的界定,但多数学者将之视为人类社会正在经历的一次巨大、全面和深刻的社会变革。比如著名现代化史研究专家、美国普林斯顿大学布莱克指出:"如果有必要定义,那么'现代化'

---

① 习近平:《高举中国特色社会主义伟大旗帜 为全面建设社会主义现代化国家而团结奋斗——在中国共产党第二十次全国代表大会上的报告》,北京:人民出版社,2022 年,第21 页。

或许可以被界定为一个过程,在这一过程中,历史上形成的制度发生着急速的功能变迁——它伴随科学革命而到来,反映了人类知识的空前增长。"①罗兹曼教授也指出:"现代化是人类历史上最剧烈、最深远并且显然是无可避免的一场社会变革。是福是祸暂且不论,这些变革终究会波及到与业已拥有现代化各种模式的国家有所接触的一切民族。"②

由此可见,现代化是"一场社会变革",但它又不是一般意义上的社会变革,而是特指人类社会从传统的农业社会向现代工业社会转型的历史过程。这一过程涉及全球的经济、政治、社会、思想、文化、心理各方面的巨大变迁。现代化又是一个连续不断的历史长过程。大体说来,它发源于十六世纪的欧洲,中间经十八世纪工业革命而向全世界传播,一直持续到今天也未停止。

自二十世纪三十年代以来,中国近代史研究也存在两种对立的研究范式。一种是现代化范式,蒋廷黻的《中国近代史》是其代表,其基本观点是近代化是近代中国的历史主题,中国近代化就是在与外部世界交往中,学习西方,摆脱中古的落后状态,全面走上政治经济文化外交等变革之路,完成民族复兴的使命。另一种是革命史范式,代表人物是范文澜、郭沫若、胡绳以及之后的刘大年等,其主要特点是以阶级斗争为主线,以两大基本矛盾为基础,强调争取民族独立以反对帝国主义,争取社会进步以反对封建主义是中国近代社会发展的主要趋势;把太平天国运动、甲午战争后的革命运动和义和团运动之后的革命运动作为中国近代三次革命高潮;把鸦片战争、太平天国运动、中法战争、中日战争、戊戌变法、义和团运动、辛亥革命和五四

---

① 布莱克:《现代化的动力——一个比较史的研究》,景跃进、张静译,杭州:浙江人民出版社,1989年,第6页。

② 吉尔伯特·罗兹曼主编:《中国的现代化》,国家社会科学基金"比较现代化"课题组译,沈宗美校,南京:江苏人民出版社,1995年,第4—5页。

运动作为中国近代的八大历史事件。现代化范式是从现代化的视角重新审视中国近代史,主要分为两派,一派是以李泽厚为代表的告别革命论,其主要特点是彻底否定革命史范式。另一派是罗荣渠、章开沅、虞和平等人主张以"民族化、工业化、民主化作为衡量标准的现代化范式"。罗荣渠指出,提倡现代化研究范式的初衷就是在革命范式之外建立一个新的综合分析框架。

　　从 1840 年开始,中国就开始探索中国发展的道路,致力于实现中国的现代化。但是,道路却是曲折的。在中国人探索早期现代化的过程中,基本上可以分为两个阶段,第一个阶段就是从鸦片战争至辛亥革命。这一时期,中国人主要致力于实现物质层面的现代化。其代表性的主张有"师夷长技以制夷""自强""求富"等。但是,甲午战争的失败,让自强求富的"中国梦"破灭。在甲午海战失败后,部分先进的中国人也曾试图进行制度层面的改革,但并没有获得成功,戊戌变法仅仅是昙花一现就归于失败,先进的中国人不得不最终走上革命的道路。第二阶段,就是从辛亥革命到中华人民共和国的成立。在这近 40 年的时间里,中国致力于按照西方资本主义模式建立现代国家,事实上,西方资本主义国家并没有真正帮助中国构建一个资本主义式的现代国家的意图,他们的目的仅仅是要把中国变成听命于其的原料产地和商品的倾销地而已。因此,国民党及其领导的政府并不能在理论和实践上找到实现中国现代化的正确道路。所以说,到新中国成立前夕,中国依然积贫积弱,一穷二白,中华民族依然处于发展的低谷,中国也远未实现向资本主义工业化国家的转型。中国早期现代化的失败充分表明西方的资本主义现代化模式并不适用于中国,按照西方的模式在中国推行现代化的结果只会使中国在半殖民地半封建社会的深渊中越陷越深。中国早期现代化的历史充分证明,在中国没有民族独立这一前提的实现,中国是不可能有真正的现代化的。这充分印证了胡绳所强调的,"讲现代化,也不能不区别帝国主义所允许范围内的现代化和独立自主的现代化。"①

中国共产党的成立,让中国人民谋求民族独立、人民解放和国家富强、人民幸福的斗争有了主心骨,中国人民就从精神上由被动转为主动。"中国产生了共产党,这是开天辟地的大事变。这一开天辟地的大事变,深刻改变了近代以后中华民族发展的方向和进程,深刻改变了中国人民和中华民族的前途和命运,深刻改变了世界发展的趋势和格局。"②正如毛泽东同志在《新民主主义论》中所指出的那样,"五四运动时期虽然还没有中国共产党,但是已经有了大批的赞成俄国革命的具有初步共产主义思想的知识分子。……五四运动是在思想上和干部上准备了一九二一年中国共产党的成立,又准备了五卅运动和北伐战争"。③ 因此,中国共产党的成立,标志着中国人民开始有了探索中国式现代化的主心骨,开始了真正意义上的中国现代化。中国共产党的成立,是马克思主义在中国广泛传播的结果,是中国工人阶级登上历史舞台并秉承彻底地反帝反封建的产物。从这个意义上讲,中国共产党的成立也标志着中国的现代化进程与马克思主义和马克思主义中国化建立起一种内在关联,让中国开始了真正意义上追求独立的现代化进程,并且这种现代化是以马克思主义为指导的现代化。从这个意义上说,中国式现代化真正推进的过程,就是中国共产党领导中国人民团结奋斗的过程,就是与时俱进不断推进马克思主义中国化时代化的过程。

从世界历史上看,现代化对人类是一个巨大的进步,但对中华民族而言却是一场巨大的灾难。在世界现代化的大潮中,中国最初是被动卷入现代化的历史进程,处处被动,并逐步沦入半殖民地半封建

---

① 胡绳:《从鸦片战争到五四运动》,北京:人民出版社,2010 年,第 9 页。
② 习近平:《在庆祝中国共产党成立 95 周年大会上的讲话》,北京:人民出版社,2016 年,第 2 页。
③ 《毛泽东选集》第 2 卷,北京:人民出版社,1991 年,第 699—700 页。

社会的深渊。但与马克思主义结合,中国的现代化就开始自立起来。可以说,没有马克思主义的中国化,就没有马克思主义同中国现代化进程的本质联系,也就没有真正意义上的中国式现代化。

中国式现代化是中国共产党领导的社会主义现代化。既有各国现代化的共同特征,更有基于自己国情的中国特色。新中国成立后,中国共产党随即开始了对社会主义工业化、现代化道路的探索。在1954年第一届全国人民代表大会上,周恩来同志就宣布中国要建设起强大的现代化的工业、现代化的农业、现代化的交通运输业和现代化的国防。1956年,党的八大将这四个现代化的建设任务写进了党章。随后,毛泽东同志提出了工业、农业、科学文化、国防四个现代化的内容。1964年底,周恩来同志在第三届全国人大第一次会议上宣布,我国今后的战略目标,"是要在不太长的历史时期内,把我国建设成为一个具有现代农业、现代工业、现代国防和现代科学技术的社会主义强国,赶上和超过世界先进水平"。[①]"四个现代化"概念正式成型。1979年,邓小平同志在会见日本首相大平正芳时说:"我们要实现的四个现代化,是中国式的四个现代化。我们的四个现代化的概念,不是像你们那样的现代化的概念,而是'小康之家'。到本世纪末,中国的四个现代化即使达到了某种目标,我们的国民生产总值人均水平也还是很低的。……所以,我只能说,中国到那时也还是一个小康的状态。"[②]中国共产党通过改革开放,用短短几十年时间走完了发达国家几百年的工业化历程,中国的现代化取得了空前成功。党的十八大以来的十年,中国国内生产总值从54万亿元增长到114万亿元,党和国家事业取得历史性成就、发生历史性变革,推动我国迈上全面建设社会主义现代化国家新征程。"中国特色社会主义进入

---

① 中共中央文献研究室编:《邓小平年谱(1904—1974)》(下),北京:中央文献出版社,2009年,第1840页。

② 《邓小平文选》第2卷,北京:人民出版社,1994年,第237页。

新时代,意味着近代以来久经磨难的中华民族迎来了从站起来、富起来到强起来的伟大飞跃,迎来了实现中华民族伟大复兴的光明前景;意味着科学社会主义在二十一世纪的中国焕发出强大生机活力,在世界上高高举起了中国特色社会主义伟大旗帜;意味着中国特色社会主义道路、理论、制度、文化不断发展,拓展了发展中国家走向现代化的途径,给世界上那些既希望加快发展又希望保持自身独立性的国家和民族提供了全新选择,为解决人类问题贡献了中国智慧和中国方案。"[1]

　　党的二十大报告指出,全面建设社会主义现代化国家,是一项伟大而艰巨的事业,前途光明,任重道远。所以,中国式现代化正奔跑在路上。因此,在全面推进中国式现代化征程中,要坚持和加强党的全面领导,使党始终成为风雨来袭时全体人民最可靠的主心骨;坚持中国特色社会主义道路,把国家和民族发展放在自己力量的基点上,把中国发展进步的命运牢牢掌握在自己手中;坚持以人民为中心的发展思想,让现代化建设成果更多更公平惠及全体人民;坚持深化改革开放,不断增强社会主义现代化建设的动力和活力;坚持发扬斗争精神,依靠顽强斗争打开事业发展新天地,以中国式现代化全面推进中华民族伟大复兴。

（原载于《决策信息》2023 年第 01 期,略有删改）

---

[1] 习近平:《决胜全面建成小康社会　夺取新时代中国特色社会主义伟大胜利——在中国共产党第十九次全国代表大会上的报告》,北京:人民出版社,2017 年,第 10 页。

走中国式现代化道路必须坚持党的领导

习近平总书记指出:"1840年鸦片战争以后,中国逐步成为半殖民地半封建社会,国家蒙辱、人民蒙难、文明蒙尘,中华民族遭受了前所未有的劫难。从那时起,实现中华民族伟大复兴,就成为中国人民和中华民族最伟大的梦想。"党的二十大报告指出,"从现在起,中国共产党的中心任务就是团结带领全国各族人民全面建成社会主义现代化强国、实现第二个百年奋斗目标,以中国式现代化全面推进中华民族伟大复兴。"党的百余年奋斗历史告诉我们,没有中国共产党就没有新中国,自然更不会有中国式现代化新道路的开辟。

"中国式现代化,是中国共产党领导的社会主义现代化,既有各国现代化的共同特征,更有基于自己国情的中国特色。"中国特色社会主义最本质的特征是中国共产党领导,走中国式现代化道路必须坚持党的领导。中国共产党自成立之日起就不懈地推进中国现代化事业,不仅用几十年时间走完了发达国家几百年走过的路,而且正在解决西方现代化尚未解决或者难以解决的问题。在中国革命、建设和改革的不同时期,中国共产党的领导始终是中国式现代化道路得以形成和拓展的根本保证。

中国共产党人的初心和使命,就是为中国人民谋幸福,为中华民族谋复兴。中国式现代化是全体人民共同富裕的现代化。中国共产党在探索现代化道路的过程中始终以最广大人民的利益为根本,坚持发展为了人民、发展依靠人民、发展成果由人民共享。百年来,中国共产党始终与人民群众保持血肉联系,从人民中汲取奋进力量。从"四个现代化"到全面建设社会主义现代化国家,既满足人民日益增长的美好生活需要,又满足人民日益增长的优美生态环境需要,使一个人口规模巨大的发展中国家,成功地迈上"更高质量、更有效率、更加公平、更可持续、更为安全"的发展之路。

(原载于《湖北日报》,2022 年 11 月 15 日)

在党领导下推进和拓展中国式现代化

　　中国式现代化是中国共产党领导的社会主义现代化。习近平总书记在党的二十大报告中对中国式现代化的本质要求作出科学概括,其中"坚持中国共产党领导"位列首位。全面建成社会主义现代化强国、实现第二个百年奋斗目标,以中国式现代化全面推进中华民族伟大复兴,必须深刻把握、始终做到"坚持中国共产党领导",把党的领导落实到推进和拓展中国式现代化的各领域各方面各环节。

　　成功推进和拓展中国式现代化。一百多年来,中国共产党团结带领中国人民所进行的一切奋斗,就是为了把我国建设成为现代化强国,实现中华民族伟大复兴。在社会主义革命和建设时期,中国共产党提出努力把我国逐步建设成为一个具有现代农业、现代工业、现代国防和现代科学技术的社会主义强国。改革开放和社会主义现代化建设新时期,党立足社会主义初级阶段的基本国情,提出"中国式的现代化",制定了到二十一世纪中叶分三步走、基本实现社会主义现代化的发展战略。在新中国成立特别是改革开放以来的长期探索和实践基础上,经过党的十八大以来在理论和实践上的创新突破,以习近平同志为核心的党中央团结带领全党全国各族人民成功推进和拓展了中国式现代化,党和国家事业取得历史性成就、发生历史性变革,为实现中华民族伟大复兴提供了更为完善的制度保证、更为坚实的物质基础、更为主动的精神力量。历史和现实充分表明,中国式现代化是中国共产党领导的社会主义现代化,是具有中国特色、符合中国实际的现代化。

科学擘画推进中国式现代化的宏伟蓝图。习近平总书记指出:"从现在起,中国共产党的中心任务就是团结带领全国各族人民全面建成社会主义现代化强国、实现第二个百年奋斗目标,以中国式现代化全面推进中华民族伟大复兴。"党的二十大擘画了全面建成社会主义现代化强国的宏伟蓝图,深刻阐述了中国式现代化的中国特色和本质要求,对全面建成社会主义现代化强国两步走战略安排进行宏观展望,重点部署未来 5 年的战略任务和重大举措,强调"从二〇二〇年到二〇三五年基本实现社会主义现代化;从二〇三五年到本世纪中叶把我国建成富强民主文明和谐美丽的社会主义现代化强国"。党的二十大擘画的中国式现代化的宏伟蓝图符合中国实际,反映中国人民意愿,适应时代发展要求。只要我们把思想和行动统一到党中央决策部署上来,深入贯彻落实党的二十大精神,就能把中国式现代化的宏伟蓝图一步步变成现实,以中国式现代化全面推进中华民族伟大复兴。

有效集聚起推进中国式现代化的磅礴力量。习近平总书记指出:"团结奋斗是中国人民创造历史伟业的必由之路"。以中国式现代化全面推进中华民族伟大复兴,需要在党的坚强领导下,全国各族人民心往一处想、劲往一处使,集聚起推进中国式现代化的磅礴力量。新中国成立以来,正是有中国共产党这个坚强有力的领导核心,正是党始终与人民心心相印、与人民同甘共苦、与人民团结奋斗,我们实现了社会主义现代化建设的一个又一个目标。党的十八大以来,以习近平同志为核心的党中央全面加强党的领导,确保党中央权威和集中统一领导,确保党发挥总揽全局、协调各方的领导核心作用,全党思想上更加统一、政治上更加团结、行动上更加一致,全国各族人民心往一处想、劲往一处使,我国社会主义现代化建设取得一系列重大成就。新时代新征程,以中国式现代化全面推进中华民族伟大复兴,必须坚持和加强党的全面领导,调动一切可以调动的积极因素,团结一切可以团结的力量,不断巩固全国各族人民大团结,加强海内外中华儿女大团结,确保拥有团结奋斗的强大政治凝聚力、发展自信心,集聚起万众一心、共克时艰的磅礴力量。

（原载于《人民日报》,2023 年 02 月 01 日）

深刻把握中国式现代化道路的内涵

　　中国式现代化道路是对百年来中国共产党带领中国人民进行革命建设和改革发展创造的成绩的深刻总结，彰显了中华民族高度的道路自信和中国特色社会主义制度的巨大优越性。深刻把握中国式现代化道路的内涵，对于实现第二个百年奋斗目标和中华民族伟大复兴来说，意义深远。

　　中国式现代化道路是中国共产党领导的、坚持社会主义制度的现代化道路。自成立之日起，中国共产党就在马克思主义的指导下，着眼中国实际不断探索，致力于寻找一条适合中国国情的发展道路。在新民主主义革命时期，中国共产党领导全国人民不畏艰难，历经28年的艰苦斗争，推翻帝国主义、封建主义、官僚资本主义三座大山，实现了民族的独立与人民的解放。中华人民共和国的成立，为占世界人口四分之一的社会主义国家的现代化路径摸索提供了制度和政权基础。在社会主义革命和建设时期，中国共产党充分发挥自身的政治、组织优势，着眼长远战略规划，有步骤、讲策略、分阶段地建立了较为完整和独立的社会主义工业体系和国民经济体系，中国式现代化的雏形初现，为中国式现代化的赓续发展打下了良好基础。改革开放和社会主义现代化建设新时期，中国共产党解放思想、实事求是，作出以经济建设为中心、实行改革开放的重大决策，并确立了社会主义市场经济体制,拓展了马克思主义中国化的内容,为中国式现代化提供了制度支持和发展空间。党的十八大以来,面对世界百年未有之大变局下的新形势和新问题,中国共产党坚持走中国式现代化道路以实现中华民族的伟大复兴,此举拓展了中国式现代化的意蕴。历史的实践和经验告诉我们,只有坚持中国共产党的领导、坚持社会主义制度,中国才能在中国式现代化的道路上越走越远。

中国式现代化道路是坚持以人民为中心,走向共同富裕的道路。自成立起,中国共产党便以为人民谋幸福为己任。新民主主义革命时期,中国共产党致力于把全国人民从剥削压迫中解救出来,在农村努力实现"耕者有其田"的目标,在城市重建公共设施和社会秩序并推动有利于国计民生的行业发展,城乡人民生活得以改善。社会主义革命和建设时期,中国共产党坚持全心全意为人民服务的宗旨,面对一穷二白的新中国和西方资本主义的封锁,中国共产党从增强国力方面着手给人民创造一个良好的生活环境,通过"一化三改造"、五年计划等举措,我国综合国力提升,这为人民安定生活提供了有效的保障。改革开放以来,中国共产党把实现好、维护好、发展好人民群众的根本利益作为行动指南,采取先富帮后富、沿海带动内地发展、城乡协调发展的形式推动人民生活更加幸福。党的十八大以来,中国共产党坚持人民至上,采取多元措施消除了绝对贫困,如期打赢脱贫攻坚这场硬仗,全面建成小康社会的历史重任如期得以完成。在新时代,中国共产党为了更好的让人民共享发展成果,把实现全体人民共同富裕作为执政要略之一,采取把共同富裕目标分阶段完成的方式,争取到本世纪中叶基本实现全体人民共同富裕。

中国式现代化道路是致力于实现全面协调可持续发展的道路。全面协调可持续发展是中国共产党带领全国人民百年不断探索的重要成果。新民主主义革命时期,鉴于大多数人民无法达到温饱水平的实际,中国共产党致力于提高城乡居民的物质生活水平,将解决人民物质需求作为当时局部执政的重要施政点。新中国成立后,中国共产党顺应当时社会主要矛盾的变化要求,积极提高生产力,我国由农业社会向工业社会转型,人民的物质生活水平因之提高。改革开放以来,物质文明以工业化、科技化、先进化等形式飞速发展,为防止可能出现的精神空虚和物质主义膨胀等负面影响,我们确立了物质文明和精神文明齐头并进的总体布局。新世纪以来,鉴于经济与社会发展水平不同步,我们确立了促进社会和谐发展的"四位一体"总体布局。党的十八大以来,中国共产党立足于实际,把从根本上保护生态环境、建设美丽中国作为社会主义事业的重要组成部分,满足人民对美好生活的向往,以推动人的全面发展和社会的全面进步。"五位一体"总体布局表明中国式现代化是兼具协调各文明和全面发展两大特征的现代化,明确了中国式现代化的定位。

中国式现代化道路,是中国共产党带领全国人民在长期革命建设和改革发展实践中开辟出的一条实现中华民族伟大复兴的必由之路。它在吸收中华优秀传统文化和借鉴世界现代化先进经验的基础上,以中国具体国情为基点,坚持以人民为中心,遵循物质文明、政治文明、精神文明、社会文明和生态文明互相协调的发展理念,以实现全民共同富裕和中华民族伟大复兴为目标,体现了人类文明发展的新方向。中国式现代化道路丰富和发展了马克思主义,从源头上避免了资本主义现代化的弊端,打破了世界其他发展中国家对西方国家现代化的"路径依赖",昭示了通向现代化的道路具有多元性和丰富性,为世界现代化发展道路提供了中国智慧和中国经验。在实现中华民族伟大复兴的历史进程中,我们要始终坚定不移地走好中国式现代化的发展道路,在不断自主创新中进一步坚定道路自信,为实现全国各族人民对美好生活的向往贡献力量。

(原载于人民网·理论频道,2022 年 10 月 22 日 08 版;本文与张莉合作,在此致谢)

为中国式现代化提供坚强政治保障

党的二十大报告指出,"从现在起,中国共产党的中心任务就是团结带领全国各族人民全面建成社会主义现代化强国、实现第二个百年奋斗目标,以中国式现代化全面推进中华民族伟大复兴。"报告全面把握党和国家事业发展新要求、人民群众新期待,明确提出了新时代新征程中国共产党的使命任务。中国式现代化是中国共产党和中国人民长期实践探索的成果,是一项伟大而艰巨的事业。全面建设社会主义现代化国家、全面推进中华民族伟大复兴,关键在党。推进中国式现代化,是全党的一项重大战略任务。只有不断加强党的政治建设,为中国式现代化推进提供坚强的政治保障,这项重大战略任务才能顺利实施,不断推进。

以党的政治建设确保中国式现代化的正确前进方向。党的二十大报告强调,中国式现代化,是中国共产党领导的社会主义现代化。中国特色社会主义最本质的特征就是中国共产党领导,中国特色社会主义的最大优势是中国共产党领导,中国共产党是最高政治力量。加强党的政治建设是确保中国式现代化沿着正确方向推进的政治保障。中国式现代化既是发展道路,也是前进方向,确保中国式现代化的方向不偏,沿着正确的方向前进,就必须加强党的政治建设。坚持以马克思列宁主义、毛泽东思想、邓小平理论、"三个代表"重要思想、科学发展观、习近平新时代中国特色社会主义思想为指导,深刻领悟"两个确立"的决定性意义,增强"四个意识"、坚定"四个自信"、做到"两个维护",不断提高政治判断力、政治领悟力、政治执行力,坚定不移在思想上政治上行动上同以习近平同志为核心的党中央保持高度一致,确保中国式现代化沿着的正确轨道前进,即,中国式现代化是:坚持中国共产党领导,坚持中国特色社会主义,实现高质量发展,发展全过程人民民主,丰富人民精神世界,实现全体人民共同富裕,促进人与自然和谐共生,推动构建人类命运共同体,创造人类文明新形态。

以党的政治建设确保中国式现代化的战略顺利推进。中国共产党领导是中国特色社会主义制度的最大优势,党是推进中国式现代化的最高政治领导力量。中国式现代化的战略实施需要党的集中统一领导来保障。推进中国式现代化要坚决维护党中央权威和集中统一领导,充分调动全党力量,协调组织社会各界力量,才能把党关于中国式现代化的战略部署落实到各领域各方面各环节。中国式现代化的战略实施需要党的强大执行力来保障。全面建设社会主义现代化国家,是一项伟大而艰巨的事业,前途光明,任重道远。需要增强忧患意识,坚持底线思维,做到居安思危、未雨绸缪,准备经受风高浪急甚至惊涛骇浪的重大考验。因此,必须坚定政治信仰,强化政治领导,提高政治能力,实现全党团结统一、行动一致,把党推进中国式现代化的奋斗目标、路线和纲领落到实处,自觉承担起推进中国式现代化的政治责任。中国式现代化的战略实施还需要党发挥强大的组织动员优势。推进中国式现代化需要全社会的参与和推动,社会力量的有效聚合和良性互动是这一战略得以顺利实施的前提。为此,必须发扬党密切联系群众的作风和优势,坚持大团结大联合,动员全体中华儿女围绕实现中华民族伟大复兴中国梦一起来想、一起来干。

以党的政治建设确保中国式现代化的目标顺利实现。党的百年奋斗史清晰展现了中国共产党一脉相承的人民立场,一如既往的赤子之心,一以贯之的价值坚守。推进马克思主义中国化时代化,不断谱写新时代中国特色社会主义新篇章,奋力实现中华民族伟大复兴的中国梦,归根结底是为了实现人民对美好生活的向往。中国式现代化必须坚持以人民为中心。这就要求,在推进中国式现代化进程中,必须加强党的政治建设,始终坚持立党为公,执政为民,践行全心全意为人民服务的根本宗旨,始终把人民放在心中最高位置,始终相信人民,紧紧依靠人民,把人民对美好生活的向往作为奋斗目标。通过不断加强党的政治建设,始终牢记江山就是人民、人民就是江山,坚持一切为了人民、一切依靠人民,坚持为人民执政、靠人民执政,坚持发展为了人民、发展依靠人民、发展成果由人民共享的价值取向和实践要求,始终与人民风雨同舟、与人民心心相印,想人民之所想,行人民之所嘱,不断把人民对美好生活的向往变为现实。

（原载于学习强国·湖北学习平台,2022 年 10 月 26 日）

为中国式现代化提供坚实物质保障

党的二十大报告指出,"高质量发展是全面建设社会主义现代化国家的首要任务。发展是党执政兴国的第一要务。没有坚实的物质技术基础,就不可能全面建成社会主义现代化强国。"党的二十大报告紧扣中国特色社会主义事业发展面临的新的主要矛盾,明确坚持以中国式现代化全面推进中华民族伟大复兴,坚持以推动高质量发展为主题,强调要不断厚植现代化的物质基础,不断夯实人民幸福生活的物质条件。推进中国式现代化进程,必须完整、准确、全面贯彻新发展理念,结合新发展阶段特征,构建新发展格局,为中国式现代化奠定坚实物质保障,从而实现经济质的有效提升和量的合理增长。

以高质量发展持续激发中国式现代化市场活力。坚定走高质量发展道路是遵循经济发展规律的必然要求,是适应中国新发展阶段要求的重大战略抉择。中国共产党人创造性地将社会主义制度与市场经济体制有机结合起来,准确把握了市场经济运行的规律。建立健全社会主义市场经济体制可以破除制约高质量发展的体制机制障碍,以此释放各类市场主体活力,进一步解放和发展社会生产力,为中国式现代化提供坚实支撑。新时代,构建高水平社会主义市场经济体制要坚持和完善社会主义市场基本经济制度,将实施扩大内需战略与深化供给侧结构性改革耦合,从而更好实现人民日益增长的美好生活需要。坚定筑牢国有经济主体地位,增强国有经济竞争力、控制力、抗风险能力;加快改善民营经济营商环境、制度环境,促进民营企业融资多样化、管理科学化。防范化解系统性风险,加强宏观调控,确保宏观政策适时适度、精准施策。发挥国家发展规划的战略导向作用,完善金融体制顶层设计,平衡金融创新与金融监管,规范和引导资本发展。坚决消除市场壁垒、打破垄断,健全要素市场化配置,统一市场基础制度规则,加强市场监管公平,构建全国统一大市场。

以高质量发展不断增强中国式现代化经济动力。面临世界百年未有之大变局叠加世纪疫情,经济全球化遭遇逆流,世界经济复苏乏力,全面建设社会主义现代化国家需要高质量发展不断赋予新经济动能。一方面要完善现代化产业体系,夯实物质基础能力;另一方面要在更高的起点上深化对外开放,拓宽发展空间。坚持把发展经济的着力点放在实体经济上,防止经济脱实向虚,对于如期实现中国式现代化具有重要意义。创新是引领发展的第一动力。扎实推进科技自立自强之路,攻坚关键核心技术,加速促进数字经济与实体经济深度融合,全面优化升级产业结构。适应服务业结合先进制造业、现代化农业的实际需求,推动要素投入逐步向技术密集型转变,增强服务供给质量与效能。经济全球化是社会生产力发展的客观要求,坚定实施对外开放基本国策,深度参与全球产业分工与合作,为中国式现代化维护多元稳定的国际经济格局和经贸关系。新征程上,充分利用国内市场资源优势,畅通国内经济循环,吸引全球要素资源,推动国内国际两个市场两种资源有机衔接、相得益彰。着力破除单边主义、保护主义障碍,持续改善货物贸易结构,强化服务贸易创新,大力培育数字贸易、跨境电商,合理扩大外资招引,稳步提升人民币全球地位。通过"一带一路"领航中欧班列、西部陆海新通道贯通中国内陆城市连接世界;优化区域开放布局,加快自贸试验区覆盖全国,构建高标准自由贸易区网络。

以高质量发展充分挖掘中国式现代化发展潜力。共同富裕是中国特色社会主义的本质要求,也是中国式现代化的本质要求。缩小城乡差距、协调区域发展蕴含高质量发展的巨大潜能,有利于深入挖掘新发展引擎,解决发展不平衡不充分这一重大难题。党的二十大报告明确,"全面建设社会主义现代化国家,最艰巨最繁重的任务仍然在农村。"坚定不移地推进乡村振兴、促进社会公平正义是迈向第二个百年目标的重大举措。乡村振兴要牢牢守住十八亿亩耕地红线,坚持保障粮食基本自给的方针,提高粮食生产和流通领域的科技支持,树立大食物观,振兴特色乡村产业。提档优化农村基础设施,全方位升级公共服务,打造宜居宜业的和美乡村。创新农村集体经济发展路径,健全农村金融惠农体系,切实保障农民合法权益。促进区域协调发展,实现区域间取长补短、完善空间区域结构、畅通国内经济大循环,形成国内国际双循环相互促进新格局。优化区域经济布局,以互联互通为依托,统筹"一带一路"建设协调西部大开发、中部崛起共同高质量发展。运用科学技术变革东北制造业基础,促进东部地区产业向中西部转移,创新口岸城市对外合作模式。鼓励革命老区、民族地区勇于开拓,推进兴边富民、稳边固边。统筹规划主体功能区战略,提高城市规划、建设、治理水平;稳步实施一系列区域重大战略,不断提升我国发展的平衡性、协调性。

(原载于学习强国・荆楚网,2022 年 11 月 08 日;本文与门杨启东合作,在此致谢)

为中国式现代化提供坚强智力保障

　　党的二十大报告指出,"教育、科技、人才是全面建设社会主义现代化国家的基础性、战略性支撑。必须坚持科技是第一生产力、人才是第一资源,创新是第一动力。"首次将教育、科技、人才三大战略进行统筹谋划和一体部署,充分体现了教育、科技、人才三者内在规律和发展逻辑。教育是根本,科技是关键,人才是基础。教育兴则人才兴,人才兴则科技兴,三者协同配合、系统集成、整体推进,共同开辟发展新领域新赛道,塑造发展的新动能、新优势,为中国式现代化提供强有力的智力保障。

　　教育优先发展是为中国式现代化提供坚强的智力保障的出发点和落脚点。中国式现代化是物质文明和精神文明相协调的现代化。教育培养造就大批德才兼备的高素质人才,为构建现代化基础体系,加快经济高质量发展,厚植现代化的物质基础、不断夯实人民幸福生活的物质条件,全面提高人民生活水平,促进物的全面丰富,为中国式现代化物质富足提供人才支撑。现代化不仅要夯实现代化的物质基础,还需要大力发展社会主义先进文化。教育有助于培根铸魂,引导树立远大理想、践行社会主义核心价值观、传承和传播中华文明、提升国家文化软实力,增强共同奋斗的凝聚力,提高全社会文明程度,促进人的全面发展,为中国式现代化精神富有提供思想保障。中国式现代化是人口规模巨大的现代化。教育有利于提高全民综合素质，是将人口数量红利转向人口质量红利的重要途径。面对中华民族伟大复兴战略全局和世界百年未有之大变局，党和国家事业发展对教育的需要、对科学知识和优秀人才的需要，比以往任何时候都更为迫切。教育是育人和育才相统一的过程，要全面贯彻党的教育方针，坚持为党育人、为国育才，深入实施科技兴国战略、加快推进教育现代化，坚持以人民为中心发展教育、以高质量发展为主线、培养高素质教师队伍、深入推进各级各类教育改革、加快补齐教育短板、促进教育公平、全面提高人才自主培养质量，办好人民满意的教育为中国式现代化提供强有力的人才支撑。

　　科技自立自强是为中国式现代化提供智力保障的支撑点和撬动点。中国式现代化是走和平发展道路的现代化。高举和平、发展、合作、共赢的旗帜，在坚定维护世界和平与发展中谋求自身发展。科技是提高社会生产力，增强综合国力，提升国际竞争力和国际地位，保障国家安全，维护世界和平与发展的根本前提。科技实力决定着世界政治经济地位。加快实现科技自立自强，抓住新一轮科技革命和产业变革的重大机遇，主导赛场建设，成为新的竞赛规则的重要制定者、新的竞赛场地的重要主导者，以自身发展更好维护世界和平与发展，为中国式现代化提供重要的战略支撑。中国式现代化是人与自然和谐共生的现代化。以消耗资源的方式来实现现代化的老路已走不通，加快从要素驱动、投资规模驱动发展为主向以创新驱动发展为主的转变是唯一的出路。科技推进新型工业化，推动制造业高端化、智能化、绿色化发展。科技助力农业现代化，推动农业更高效、更安全、更环保。科技提升生态环境治理水平，加快生态系统保护和修复，推动社会发展绿色化、低碳化，推动绿色发展，促进人与自然和谐共生，为中国式现代化提供强有力的智力保障。面对世纪疫情肆虐、世界经济复苏乏力、局部冲突和动荡频发的风险和挑战，科学技术从来没有像今天这样深刻影响着国家前途命运,我们比历史上任何时期都更需要建设世界科技强国。坚持科技是第一生产力,完善科技创新体系、加快实施创新驱动发展战略,坚持创新是第一动力、弘扬科学家精神、优化科研院所和高水平研究型大学、强化企业创新主体地位,积聚力量进行原创性引领性科技攻关为中国式现代化提供强有力的战略支撑。

　　坚持人才引领驱动是为中国式现代化提供智力保障的关键点和着力点。中国式现代化是全体人民共同富裕的现代化。十四亿多人口整体迈进现代化是挑战也是机遇。人才是第一资源,将人口大国发展为人才强国,把各方面优秀人才聚集在党和人民的事业中来,为实现中国式现代化提供基础性的智力保障。人才是引得国际竞争主动的重要资源,是科技进步的核心要素,是高质量发展的动力源泉,是实现中国式现代化的重要战略资源。面向世界科技前沿、经济主战场、国家重大需求、人民健康等领域,人才是关键主体。统筹推进"五位一体"、协调推进"四个全面"离不开人才的支撑。迈向全面建设社会主义现代化强国的新征程,我们比历史上任何时期都更加接近实现中华民族伟大复兴的宏伟目标,也比历史上任何时期都更加渴求人才。坚持党管人才原则,完善人才布局战略,加快建设世界重要人才中心和创新高地、深化人才发展体制机制改革、改善人才发展环境、激发人才创造活力、聚天下英才而用之、加大对青年人才的培养,增强国家战略人才力量为中国式现代化提供强有力的基础支撑。

　　(原载于学习强国·荆楚网,2022 年 11 月 18 日;本文与康方芳合作,在此致谢)

为中国式现代化提供坚强精神保障

　　党的二十大报告明确指出："从现在起，中国共产党的中心任务就是团结带领全国各族人民全面建成社会主义现代化强国、实现第二个百年奋斗目标，以中国式现代化全面推进中华民族伟大复兴。"党的二十大报告还强调，中国式现代化是物质文明和精神文明相协调的现代化。也就是说，推进中国式现代化，不仅仅是物质上的现代化，也是精神上的现代化。因此，在推进中国式现代化的过程中，必须加强党的领导，深入推进精神文明建设，为推进中国式现代化提供坚实的精神保障，为顺利推动全面建设社会主义现代化国家、实现第二个百年奋斗目标奠定坚实的精神基础。

一、用社会主义意识形态引领中国式现代化正确发展方向

　　习近平总书记在党的二十大报告中强调："全面建设社会主义现代化国家，必须坚持中国特色社会主义文化发展道路，增强文化自信，围绕举旗帜、聚民心、育新人、兴文化、展形象建设社会主义文化强国，发展面向现代化、面向世界、面向未来的，民族的科学的大众的社会主义文化，激发全民族文化创新创造活力，增强实现中华民族伟大复兴的精神力量。"文化与意识形态二者之间是辩证统一的关系，

一方面,意识形态决定文化前进方向和发展道路;另一方面,文化是展现意识形态核心内涵和特点的重要载体。中国式现代化既是发展道路,也是前进方向,必须要建设具有强大凝聚力和引领力的社会主义意识形态,坚持马克思主义在意识形态领域指导地位。尤其是当前面对国际国内的复杂形势,始终坚持以马克思主义为指导地位的社会主义意识形态对于推进中国式现代化建设有着引领发展方向的重要作用。因此,在以中国式现代化全面推进中华民族伟大复兴的征程中,更加需要以社会主义意识形态引领发展潮流、凝聚思想共识、增强信心决心。

二、用社会主义核心价值观汇聚中国式现代化强大精神支撑

　　共同的思想基础,是一个党、一个国家、一个民族赖以存在和发展的精神支撑。习近平总书记在党的十九大报告中指出:"社会主义核心价值观是当代中国精神的集中体现,凝结着全体人民共同的价值追求……发挥社会主义核心价值观对国民教育、精神文明创建、精神文化产品创作生产传播的引领作用,把社会主义核心价值观融入社会发展各方面,转化为人们的情感认同和行为习惯。"社会主义核心价值体系,是全党全国人民团结奋斗的共同思想基础;社会主义核心价值观是凝聚人心、汇聚民力的强大精神支撑。我国正处于全面深化改革的关键时刻,正面临推进社会主义现代化事业发展新阶段所带来的新任务、新问题,走好新时代赶考之路、推进中国式现代化更加需要社会主义核心价值观为之注入精神力量,更加需要用社会主义核心价值观铸魂育人、凝魂聚气、强基固本。因此,必须大力宣扬社会主义核心价值理念、培育践行社会主义核心价值观,把社会主义核心价值观融入社会发展、融入日常生活。

三、用中国特色社会主义文化为中国式现代化提供强大精神动力

　　文化是民族的血脉，是人民的精神家园。持续推进中国式现代化，不断谱写新时代中国特色社会主义新篇章，向第二个百年奋斗目标进军，必须为中国特色社会主义文化提供强大精神动力。中国特色社会主义文化，源自于中华民族五千多年文明历史所孕育的中华优秀传统文化，熔铸于党领导人民在革命、建设、改革中创造的革命文化和社会主义先进文化，植根于中国特色社会主义伟大实践。中华优秀传统文化是中华民族的根与魂，是中华文明的精华所在和智慧结晶。中国式现代化发展道路深深扎根于绵延五千多年的中华文明沃土之中。要使中国式现代化道路充分彰显中国特色，必须充分发挥中华优秀传统文化思想理念、价值观念的作用，为中国式现代化道路提供强大精神动力。革命文化诞生于血与火的革命岁月，是中国人民在中国共产党的领导下书写的红色篇章，是中国革命胜利的文化支撑和精神标识，承载了党和人民对民族独立、人民解放的时代诉求。当前，中国正处于社会转型和发展的关键时期，一方面，弘扬革命文化，传承红色基因，是全党全社会的共同责任。另一方面，要充分挖掘革命文化凝聚全社会精神力量、滋养人民精神世界的价值，不断为中国式现代化提供红色精神动力。社会主义先进文化是中国共产党领导中国人民，以马克思主义为指导进行文化创新，在伟大的社会主义实践中孕育出来的，以社会主义核心价值观为灵魂，以培养"四有"公民为目标，面向现代化、面向世界、面向未来，民族的科学的大众的社会主义文化。在推进中国式现代化的进程中，社会主义先进文化通过知识体系、价值观念、思想信仰和行为规范，产生凝聚精神力量、激励社

会成员的强大能量,为中国式现代化建设提供强大的智力支持、思想保证和精神动力。

(原载于党建网,2023 年 02 月 11 日;本文与史逸杨合作,在此致谢)

为中国式现代化提供有力法治保障

　　党的二十大报告指出，"从现在起，中国共产党的中心任务就是团结带领全国各族人民全面建成社会主义现代化强国、实现第二个百年奋斗目标，以中国式现代化全面推进中华民族伟大复兴。"中国共产党将现代化建设的普遍规律与我国社会主义初级阶段的基本国情相结合，创造性地开辟了中国式现代化道路。法治作为现代化治理的基本方式，是深入推进中国式现代化的关键抓手，必须充分发挥法治在推进现代化建设中的重要作用。因此，坚持以习近平法治思想为指引，自觉将习近平法治思想贯彻落实到全面依法治国全过程和各方面，围绕建设中国特色社会主义法治体系、建设社会主义法治国家的总目标，坚定不移走中国特色社会主义法治道路，更好发挥法治固根本、稳预期、利长远的保障作用，坚持依法治国，推进法治中国建设，既是中国式现代化的题中应有之义，也是实现中国式现代化有力的法治保障。

　　坚定做到"两个不动摇"，彰显中国式现代化的法治原则。党的二十大报告指出，"坚持宪法确定的中国共产党领导地位不动摇，坚持宪法确定的人民民主专政的国体和人民代表大会制度的政体不动摇""中国式现代化，是中国共产党领导的社会主义现代化"。中国共产党领导是中国特色社会主义制度的最大优势，党是推进中国式现代化的最高政治领导力量。中国共产党的领导既是中国特色社会主义法治道路的本质,也是这条道路能够行稳致远的根本保障。推进中国式现代化必须始终坚持党的领导,党的领导是中国式现代化同西方资本主义现代化最大的区别。推进中国式现代化,就是要加强和改善党的领导,巩固党的执政地位,完成党的执政使命。推进全面依法治国,就是要健全党领导全面依法治国的制度和工作机制,推进党的领导制度化、法治化,通过法治保障党的路线方针政策有效实施。推进中国式现代化,就是要通过法治把体现人民利益、反映人民愿望、维护人民权益、增进人民福祉的措施落实到现代化建设的全过程,保证人民在党的领导下通过各种途径和形式管理国家事务、管理经济文化事业、管理社会事务,保证人民依法享有广泛的权利、承担应尽的义务;不断激发人民创造力,不断为在法治轨道上全面建设社会主义现代化国家注入人民智慧。

坚持中国特色社会主义法治道路,指引中国式现代化的法治方向。党的二十大报告指出,"中国式现代化,是中国共产党领导的社会主义现代化,既有各国现代化的共同特征,更有基于自己国情的中国特色。"中国式现代化是中国共产党和中国人民长期实践探索的成果,描绘出的是一个与时俱进、创新变革、顺应时代的动态演进过程。坚持中国特色社会主义法治道路,是在我国具体国情和经济社会发展需要的基础上进行的,是中国特色社会主义道路在法治领域的具体体现。全面建设社会主义现代化国家,是一项伟大而艰巨的事业,前途光明,任重道远。要准备经受风高浪急甚至惊涛骇浪的重大考验。坚持依宪治国、依宪执政,在法治轨道上推进国家治理体系和治理能力现代化,就能依法应对重大挑战、抵御重大风险、克服重大阻力、解决重大矛盾,更好发挥法治固根本、稳预期、利长远的作用,最大限度凝聚社会共识。因此,在推进中国式现代化进程中,应当坚定地走好中国特色社会主义法治道路,掌握好中国法治现代化的基本方向,坚持依法治国、依法执政、依法行政共同推进,法治国家、法治政府、法治社会一体建设,全面推进科学立法、严格执法、公正司法、全民守法,全面推进国家各方面工作法治化,不断为中国式现代化助力赋能。

建设中国特色社会主义法治体系,筑牢中国式现代化的法治基础。党的二十大报告指出,"全面依法治国是国家治理的一场深刻革命,关系党执政兴国,关系人民幸福安康,关系党和国家长治久安。"建设中国特色社会主义法治体系是全面依法治国总目标的重要组成部分,是建设社会主义法治国家的前提和基础。因此,推进中国式现代化必须坚持和完善中国特色社会主义法治体系,要聚焦法律制度空白点与突出点,加强重点领域、新兴领域、涉外领域法治体系建设,为中国式现代化进程中应对单边主义、保护主义,促进全球治理体系变革等重大课题提供法治保障。要加快形成高效的法治实施体系,建设职能明晰、依法行政的现代政府治理体系,推进政府依法行政进程,积极推动中国司法体制改革,构建公正、有效、权威的司法体系。要加快形成严密的法治监督体系和有力的法治保障体系,加强反腐力量。要逐步建立健全党内法规体系,实现良法善治。最终通过法治体系的完备运转,筑牢法治基础,不断为推进中国式现代化提供有力法治保障。

(原载于人民网理论频道,2022 年 12 月 14 日;本文与董芮合作,在此致谢)

为中国式现代化提供坚强安全保障

党的二十大报告指出，"从现在起，中国共产党的中心任务就是团结带领全国各族人民全面建成社会主义现代化强国、实现第二个百年奋斗目标，以中国式现代化全面推进中华民族伟大复兴。"以中国式现代化全面推进中华民族伟大复兴是新时代中国共产党人践行初心使命，为实现第二个百年奋斗目标提出的重大理论命题与实践指向。新征程、新任务也意味着新挑战、新风险。在推进中国式现代化的伟大征程中，我们将面临矛盾和斗争的严峻性复杂性是前所未有的，要做好准备经受风高浪急甚至惊涛骇浪的重大考验。因此，在推进中国式现代化的道路上必须坚持中国共产党的领导，推进国家安全体系和能力现代化，贯彻总体国家安全观，坚持筑牢国家安全人民防线，坚决维护国家安全和社会稳定，坚持做好防范化解重大风险工作，提高公共安全治理水平，不断筑牢安全保障的坚实基础，使"中国式现代化的巨轮"乘风破浪、行稳致远。

贯彻总体国家安全观，为安全推进中国式现代化提供理论指引。党的二十大报告指出，"国家安全是民族复兴的根基，社会稳定是国家强盛的前提。必须坚定不移贯彻总体国家安全观，把维护国家安全贯穿党和国家工作各方面全过程，确保国家安全和社会稳定。"推进中国式现代化必须始终坚持党的领导，坚持用党的先进理论武装头脑指导实践,特别是把深入贯彻落实习近平新时代中国特色社会主义思想作为重中之重。总体国家安全观是习近平新时代中国特色社会主义思想的重要组成部分与重大理论创新成果之一,安全推进中国式现代化必须深刻领悟总体国家安全观中所蕴含的马克思主义国家安全理论与中华优秀传统战略文化精髓,牢固树立底线思维,不断增强忧患意识,健全国家安全体系,以新安全格局保障新发展格局,确保党的科学理论的指引下的中国式现代化,在面临前进道路上的风险挑战时,具备居安思危、临危不惧、化危为机的辩证安全思维与强大安全能力。

筑牢国家安全人民防线,为安全推进中国式现代化提供基础性力量。党的二十大报告指出,"坚持以人民为中心的发展思想。不断实现发展为了人民、发展依靠人民、发展成果由人民共享,让现代化建设成果更多更公平惠及全体人民。"历史与实践证明,人民群众是历史的创造者,中国共产党正是依靠人民群众才创造了彪炳史册的百年辉煌历史,在继续推进中国式现代化的新征程上也同样需要依靠人民群众创造新的伟大成就。从价值维度看,推进中国式现代化的出发点与落脚点是人民对美好生活的向往,从主体维度看,实践的基础性力量依然是亿万人民群众。因此,安全推进中国式现代化要坚持以人民安全为宗旨,增强全民国家安全意识和素养,建设人人有责、人人尽责、人人享有的社会治理共同体,筑牢国家安全人民防线。在统筹推进中国式现代化的实践行动中充分发挥亿万人民的聪明才智,不断凝聚起亿万人民维护国家安全的磅礴力量。

防范化解重大安全风险,为安全推进中国式现代化下好先手棋、打好主动仗。党的二十大报告指出,"聚焦实践遇到的新问题、改革发展稳定存在的深层次问题、人民群众急难愁盼问题、国际变局中的重大问题、党的建设面临的突出问题,不断提出真正解决问题的新理念新思路新办法。"安全推进中国式现代化要坚持问题导向,瞄准事关中国式现代化道路的全局性关键问题,靶向施策、定点发力,不断促进物质文明与精神文明协调发展。要坚持以系统性思维防范化解中国式现代化发展道路上可能存在的重大风险挑战,统筹好各领域安全,提高公共安全治理水平,完善社会治理体系,立足长远,着眼未来,精准识别和应对可能存在的任何安全风险。在应对重大风险上要发挥中国共产党人的历史主动精神,准确识变、科学应变、主动求变,下好关乎安全的先手棋、打好应对风险的主动仗,为推进中国式现代化稳中求进、循序渐进、持续推进提供坚实安全保障。

（原载于学习强国·荆楚网,2022 年 12 月 08 日;本文与杨可心合作,在此致谢）

国家治理体系与治理能力现代化

制度优势转化为治理效能的基本要素

制度是社会成员共同遵守的办事规程和行动准则，是社会发展和治国安邦的重要保障。制度优势是一个政党、一个国家的最大优势，是制度自信的根基和基础。我国国家制度和国家治理体系是在新中国成立以来的国家治理实践中逐步建立和发展起来的，具有强大的治理效能，保障了国家的长治久安和持续发展，具有巨大的优越性。党的十八大以来，习近平总书记多次就我国制度建设发表重要论述，《习近平谈治国理政》第三卷的第三个专题，专门收录了习近平总书记关于完善和发展我国国家制度和治理体系的三篇重要讲话内容，从中华民族伟大复兴的高度回答了中国特色社会主义应该坚持和巩固什么制度，明确了完善和发展我国国家制度和治理体系的重大制度安排。党的十九届五中全会强调，到 2035 年基本实现社会主义现代化的远景目标之一就是基本实现国家治理体系和治理能力现代化。习近平总书记指出："我国有独特的政治优势、制度优势、发展优势和机遇优势，经济社会发展依然有诸多有利条件，我们完全有信心、有底气、有能力谱写'两大奇迹'新篇章。"当前，我们深入推进国家治理体系和治理能力现代化，关键是要把制度优势更好地转化为治理效能，因此亟须注重这一转化的基本要素。

第一，制度优势转化为治理效能的基本前提和根本保证是坚持和加强党的全面领导。习近平总书记强调,"中国特色社会主义最本质的特征是中国共产党领导,中国特色社会主义制度的最大优势是中国共产党领导"。"十四五"时期乃至更长时期,我国经济社会发展将面临更多极其复杂的国际形势,需要破解许多难题,应对一系列风险挑战。这些都离不开党这个指引方向的指南针、凝心聚力的主心骨、社会稳定的压舱石。首先,要树牢"四个意识"、坚定"四个自信"、坚决做到"两个维护",自觉在思想上政治上行动上同以习近平同志为核心的党中央保持高度一致,确保国家制度统一,政令统一。其次,要发挥党总揽全局、协调各方的作用,建立健全科学的领导体制和工作机制,凝聚起发挥制度优势、提高治理效能的强大合力。坚持党总揽全局、协调各方的领导核心作用,是党作为最高政治力量在治国理政中的重要体现。而坚持和完善中国特色社会主义制度、推进国家治理体系和治理能力现代化,则是全党的一项重大战略任务。最后,要把党的领导落实到国家治理体系的各领域各方面各环节,不断提高党的政治领导力、思想引领力、群众组织力、社会号召力,不断提高党把方向、谋大局、定政策、促改革的能力和定力。

第二,制度优势转化为治理效能的重要动力和必要条件是增强制度优势的势能。从力学角度上讲,势能是储存于一个系统内的能量,也可以释放或者转化为其他形式的能量。制度势能则是指在制度的产生和发展过程中,推动行为主体通过某种制度安排追求并保持制度优势的一种能量。制度优势不等于治理优势,当前的制度优势未必是将来的制度优势。为了充分并有效发挥制度优势,就要增强制度优势的势能。换句话说,制度优势并不是一成不变的,它需要与时俱进。只有不断强化制度优势的势能,才能更好促进制度优势转化为治理效能。中国特色社会主义制度优势的发挥与彰显是一个动态过程,其更加成熟、更加定型也是一个动态过程,而国家治理体系和治理能力现代化建设也是一个动态过程,这就要求坚持制度的守正创新。改革开放以来,党和国家有力推动了中国特色社会主义制度和国家治理体系在革除体制机制弊端的过程中不断走向成熟。党的十九届五中全会强调,要加快构建以国内大循环为主体、国内国际双循环相互促进的新发展格局,这是党对当前国际国内大局作出的精准把握和科学论断。为此,要进一步固根基、扬优势、补短板、强弱项,构建系统完备、科学规范、运行有效的制度体系,尤其是着力增强制度优势的势能,进而助推制度优势转化为治理效能。

第三,制度优势转化为治理效能的主要路径和方法手段是加强制度的贯彻落实。习近平总书记强调,制度的生命力在于执行。制度的执行能力和执行效果,直接影响到制度优势能否转化为治理效能。在保持制度优势的前提下,制度执行越有力,国家治理越有效。一是不断强化制度意识,构建制度优势话语体系,维护制度权威,增强制度认同,营造全社会自觉尊崇制度、严格执行制度、坚决维护制度的良好氛围,进而转化为制度规范、引领、激励、约束的治理效能。二是健全权威高效的制度执行机制,坚持制度面前人人平等、执行制度没有例外,加强对制度执行的监督,坚决维护制度的严肃性和权威性,促使制度执行能力有效提升、治理效能不断释放。三是建立健全治理效能的评估制度,建立科学的评价指标体系,通过定期或不定期评估,有效衡量制度优势转化为治理效能的质量和水平。正如《习近平谈治国理政》第三卷所强调的,我们既要确保党和国家重大决策部署、重大工作安排都按照制度要求落到实处,也要确保制度时时生威、处处有效。在增强制度执行力的同时,努力实现制度优势向看得见、摸得着的治理效能转化。

(原载于《中国社会科学报》,2020 年 12 月 10 日;本文与王心合作,在此致谢)

制度优势何以转化为治理效能

党的十九届四中全会提出了"把我国制度优势更好转化为国家治理效能"的重要命题,其目的就是加快中国特色社会主义制度集成创新,充分发挥治理效能,彰显中国制度的显著优势,并为中华民族的伟大复兴提供制度保障。党的十九届五中全会进一步明确了建设国家治理体系和治理能力现代化的时间表和路线图。事实证明,新中国成立以来,已取得了经济飞速发展、社会保持长期稳定等诸多令人瞩目的成就,而这些都得益于中国特色社会主义制度的显著优势,以及强有力的制度执行力。如何继续保持和发挥中国特色社会主义制度优势,如何将制度优势更好地转化为治理效能,是中国国家治理现代化能否成功的根本性问题。因此,通过梳理"制度"与"治理"、"制度优势"与"治理效能"之间的逻辑关系,总结"中国之制"顺利转化为"中国之治"的成功经验,从而找出其转化的内在逻辑及规律,对中国经济社会保持长期繁荣稳定的发展具有重要的理论和现实意义。

一、我国国家治理现代化中的"制"与"治"的逻辑关系

(一) 制度与治理的逻辑关系

继党的十八大提出全面深化改革的总目标后,党的十九届四中

全会对推进国家治理体系与治理能力现代化这一总目标作出了全面部署,并审议通过了《中共中央关于坚持和完善中国特色社会主义制度、推进国家治理体系和治理能力现代化若干重大问题的决定》(以下简称为《决定》)。《决定》明确指出,中国特色社会主义制度是科学的制度体系,是通过党和人民长期的实践和探索而形成的。中国特色社会主义制度是我国国家治理的基础,治理体系是中国特色社会主义制度的体现,而治理能力是制度执行能力的体现。①《决定》不仅阐明了"中国特色社会主义制度"与"国家治理体系""执行能力"与"治理能力"之间的内在关系,还指明了推进国家治理现代化的方向。国家治理现代化是一个制度革新和治理革新的统一过程②,习近平总书记在党的十九届五中全会上再次强调:"我国有独特的政治优势、制度优势、发展优势和机遇优势。"但制度优势不等于治理效能,所以推进国家治理现代化的进程,首先需要理顺与理解制度与治理之间的相互关系。

制度与治理之间既存在区别,又相互关联,起到相辅相成的作用。制度是在一定历史条件下形成的法令、礼俗等的规范,是人类行为规则的总称,不仅构成一个社会、一个国家的基本秩序③,还是国家和社会生活赖以运行的基础,是相对静态的;而治理是个人、政府、社会组织等通过制度来共同管理公共事务的行为总称④,是一种管理过程或行为,与制度相比,是相对动态的。两者的关系主要可以归纳成以下几点:制度形成的源头是治理实践。马克思主义哲学认为,人类通过生产活动,才能认识世界、改造世界,这是最基本的实践活动。

① 《为实现中华民族伟大复兴提供有力保证(社论)》,《人民日报》,2019 年 11 月 1 日,第 2 版。
② 虞崇胜:《中国国家治理现代化中的"制""治"关系逻辑》,《东南学术》,2020 年第 2 期。
③ 张润君、张晓蓉:《论"中国梦"与中国自信》,《甘肃社会科学》,2015 年第 2 期。
④ 英瓦尔·卡尔松:《天涯若比邻——全球治理委员会的报告》.赵仲强、李正凌,译.北京:中国对外翻译出版公司,1995 年,第 2 页。

由此可知,制度的产生既不是凭空出现的,也不是主观臆断的,而是通过对治理实践成功的经验及方法进行总结及归纳而来,有着非常深厚的实践基础[1];制度是治理的依据,治理的水平取决于制度供给的能力。中国古代政治家管子曾说:"有道之君,行法修制,先民服也。"从古至今,制度在国家治理中一直发挥着非常重要的作用。"不以规矩,不能成方圆",国家治理必须要以制度为依据,通过制度的集合来形成适合自身的治理体系,从而发挥出其治理能力。一旦制度形成,之后的治理行为就需以该制度体系为依据,不然治理就变成一盘散沙,而治理能力也无从谈起。制度是否科学、合理,需要治理的成效来检验。"社会实践不仅是检验真理的标准,而且是唯一的标准。"[2]制度是否科学合理,是否优越先进,要通过治理实践的成效来展现,并且制度是否优良不仅要关注制度自身的品质,更要看其治理成效的反映。在推进国家治理体系与治理能力现代化的进程中,国家治理的相关活动必须要在中国特色社会主义制度的基础下进行,而检验、衡量、改进以及完善中国特色社会主义制度则需要通过国家治理的成效来进行。[3] 制度不等同于治理。虽然制度实践的过程就是治理,但是不代表好的制度就会产生好的治理成效,只能说没有有效地治理,再好的制度都难以发挥其作用。优秀的制度只是实现国家治理现代化的前提条件,并不等同于好的治理。

综上所述,不难发现治理成功的经验和方法构建了制度,而制度又成了治理的依据;同时治理的成效又能及时反馈制度的科学性、合理性以及普适性。两者相互依存、相辅相成,共同构成一个统一的有机整体。

---

① 刘良军:《把握"制度"与"治理"的辩证关系》,《江南论坛》,2020 年第 1 期。
② 本报特约评论员:《实践是检验真理的唯一标准》,《光明日报》,1978 年 5 月 11 日,第 1 版。
③ 虞崇胜:《中国国家治理现代化中的"制""治"关系逻辑》,《东南学术》,2020 年第 2 期。

(二) 制度与治理的逻辑关系

在理清制度与治理之间关系的同时,还必须要清楚了解制度体系与治理体系之间的逻辑关系。虽然制度是治理的基础,但制度体系只是治理体系的一部分、一个环节或者一项内容,并不是治理体系的全部内容。制度体系与治理体系的内在逻辑关系体现为以下几点:

第一,制度体系是国家治理体系的重要基础。制度体系最重要的作用是规范人的行为和协调社会各方利益关系,这是国家治理的根本保障。中国特色社会主义制度是我国国家治理的依据,国家治理的一切活动都是依照其内涵而展开的。首先,制度体系是国家治理的基本依据。制度是约束和规范个人行为的各种规则,也是解决社会矛盾、协调社会各方利益关系的重要手段,没有完善的制度体系就没有良好的社会秩序。其次,制度体系是国家治理的根本保障。习近平总书记明确提出,推进国家治理体系与治理能力现代化必须依法治国,为党和国家事业发展提供根本性、全局性、长期性的制度保障。① 制度体系是国家治理过程中最为重要的一环,是社会长期稳定的根本保障,没有完善的制度体系,国家治理则无从谈起。最后,制度体系是社会经济发展的内在要求。社会主义市场经济在一定程度上就是法治经济,其社会经济的运行必须要有健全的法制基础、在法治范围内活动、由法治规则来守护。只有对各种扰乱市场秩序的行为进行规范,才能促使市场经济正常有序的发展。

第二,国家治理体系是一个制度运行系统。制度体系是国家治理的根本保障和方式,而国家治理体系则是一套制度体系的运行系

---

① 中共中央纪律检查委员会,中共中央文献研究室,编:《习近平关于党风廉政建设和反腐败斗争论述摘编》,北京:中央文献出版社、中国方正出版社,2015 年,第 132 页。

统,是规范社会权力运行和维护公共秩序的一系列制度和程序。[①] 该系统主要包含三大要素:一是治理主体。我国治理体系的主体是多元化的,不仅包含党、政府和人民,还涵盖了社会组织、企业以及其他党派等,这是由中国特色社会主义的性质所决定的。二是治理机制。治理机制是指制度体系运行系统的一种运行方式,促使制度体系内部可以相互配合、相互促进。其主要目的是将制度优势转化为治理效能,同时,不断推进制度完善及创新,使治理体系更加健全完善。[②] 三是治理成效。治理成效是指治理主体依据制度体系所展开的治理的最终结果,其中制度体系的优劣,都是通过治理成效体现出来。

第三,国家治理体系是制度体系的集中体现。国家治理体系是以制度体系为依据来展开治理活动,其治理的成效可以直接反映制度的优劣,进而判别制度体系是否具有科学性、系统性以及协同性。科学性是国家制度体系建设的前提条件。制度体系的建设是否符合国家的国情、社会发展的规律以及制度自身演进的逻辑对国家及社会的发展至关重要,科学的制度才能构建有效科学的治理。国家制度体系必须是系统性的,应涵括社会各个领域的制度及法律法规,并且每个领域都要形成较为完善的体制机制。制度体系的内部若出现制度缺位,不仅会影响到制度体系内部各要素之间的衔接与配合,还会大大地影响到治理的成效。制度体系改革过程中,制度各要素之间的协同发展十分重要。只有制度体系内部要素相互配合、相互支持,才能发挥出最大的治理效能,从而彰显出其制度的优越性。[①]

第四,制度体系是国家治理体系的指路明灯。习近平总书记指

---

① 俞可平:《国家治理体系的内涵本质》,《理论导报》,2014 年第 4 期。

② 姜亚平、贾绘泽:《中国特色社会主义制度体系与国家治理体系的内在关系》,《湘潭大学学报(哲学社会科学版)》,2020 年第 3 期。

出,百里不同风,千里不同俗。国家治理体系的建设必须要立足于该国的文化、历史、经济以及社会发展情况。而改进及完善国家治理体系,则需要依照该国的基本国情、符合其自身发展的规律以及科学制度体系,不得随意照抄他人的制度模式。[①] 我们治国理政的根本就是根植于中华大地、拥有五千多年的历史文化底蕴的中国特色社会主义制度,其不仅是一套得民心的科学制度体系,更是中国特色社会主义国家治理体系发展的根本方向。

第五,国家治理体系是健全制度体系的鲜明指向。党的十八届三中全会指出了完善和发展中国特色社会主义制度、推进国家治理体系和治理能力现代化为我国全面深化改革的总目标。总目标不仅明确规定了我国国家治理的根本方向,还指明了国家治理的目标导向。随着社会经济的发展,我国的社会矛盾日益趋向复杂化、多样化发展,诸多社会矛盾未得到有效解决,严重影响着国家治理现代化的进程。究其原因,主要是因为我国的治理体系还存在着制度供给不能满足制度需求的问题。所以制度体系是否完善,则需要关注国家治理体系的系统运行是否顺畅,从治理成效的反馈,找出制度体系的不足之处,及时查漏补缺,不断推进制度革新,从而建构出一套完善的中国特色社会主义制度体系。

二、制度优势转化为治理效能是实现国家治理现代化的关键

国家治理现代化被称为"第五化",是继农业、工业、国防、科技之后,首次将国家治理列入现代化的进程中。国家治理现代化就是将治理与现代化的理念相融合,充分调动公民、企业、政府以及社会组

---

① 中共中央文献研究室,编:《习近平关于全面深化改革论述摘编》,北京:中央文献出版社,2014年,第21页。

织等力量,将市场、经济、社会、自然等领域的治理实现制度化、民主化、程序化以及正规化。国家治理现代化和国家统治以及国家管理相比,更为科学、文明、高尚、进步。① 国家治理现代化的两大核心支撑是"制度体系"现代化与"治理体系"现代化,这就要求:制度与治理同等重要,两者不可偏废。《决定》明确指出,我国的治理活动都是在中国特色社会主义制度的基础上进行的,而治理体系与治理能力是国家制度及执行能力的集中体现。制度不仅是治理的基础,其性质更是决定了治理的方式及方法,而治理活动即是制度执行的过程。制度与治理是并列关系,既不能只重视制度建设而忽视治理的重要性,也不能只关注治理水平和能力,而忽视制度的建设和革新。"坚持"和"完善"两者不可缺失。中国特色社会主义制度是党和人民在长期的探索和实践中所形成的科学制度体系,不仅具有鲜明的特色,更具有显著的效率②,使得我国经济得到飞速发展、社会得以长期稳定。"坚持"和"完善"中国特色社会主义制度,是我国实现长治久安的关键所在,更是实现新时代中国梦的根本。制度的产生不是一蹴而就的,只有通过不断地完善,才能发挥它的生命力;而有了完善却不坚持,会使完善丧失其存在的意义,所以只有"坚持"和"完善"并存,才能呈现出中国的制度优势,更好地发挥其治理效能。"社会主义制度"与"中国特色"必须保持统一。由于国情原因,我国制度体系的建设在坚持社会主义的基本性质的同时,还需保持中国特色。中国特色社会主义制度之所以具有比较优势,主要是因为中国特色社会主义制度是以马克思主义为指导、根植于中华大地。中国共产党成立以来,不仅带领人民取得了革命的胜利,还在探索和实践中逐渐形成了较为健全的社会主义制度体系,为国家的长治久安奠定了制

---

① 许耀桐:《应提"国家治理现代化"》,《北京日报》,2014 年 6 月 30 日,第 18 版。
② 张雷声:《论中国特色社会主义制度》,《甘肃社会科学》,2016 年第 1 期,第 1—6 页。

度基础。同时，中国特色社会主义制度具有非常深厚的文化根基。中华文化博大精深，经过五千多年的发展传承，对推动中国社会发展、促进社会利益关系的平衡起到了非常重要的作用，其优秀的价值观念、道德规范以及文化思想也为国家制度体系建设提供支持。中国特色社会主义实践使人民群众的制度自信逐步增强。是否得民心是衡量制度是否科学、先进的重要指标。中国共产党始终坚持以民为本，将人民的意志与国家的意志相统一，重视人民的幸福感、安全感以及获得感，坚定不移地贯彻全心全意为人民服务的执政理念，这是中国国家制度具有显著优势的重要原因。同时，治理体系与治理能力要相得益彰。治理国家，制度起到根本性、全局性、长远性的作用。但没有有效的治理能力，再优越的制度也只是一个"摆设"，反之亦然。此外，治理体系与治理能力并不能等同起来，并不是有健全的治理体系，就会产生强有力的治理能力。只能说健全的治理体系可以提升治理能力的水平，而强有力的治理能力才可以发挥出治理体系自身的效能。只有两者相互配合，才能使它们相得益彰、绽放异彩。"明者因时而变，知者随世而制"（《盐铁论·忧边》），时代和形势都在不断地变化，治理方式和治理理念也应随之改变，应伴随着事物的发展而科学地制定和调整相应的制度。党的十九届四中全会指出，把我国制度优势更好地转化为治理效能是实现国家治理现代化的必经之路。当今世界正处于百年未有之大变局，也是"两个一百年"奋斗目标的历史交汇期，探索如何将中国特色社会主义制度的独特优势更好地向治理效能进行转化，是实现国家治理现代化的关键。

（一）"转化"是制度优势与治理效能之间的"实践表达"

实现国家治理现代化的关键要素在于"制度优势"与"治理效能"这两大部分，而这两者的内在逻辑关系是层层递进的，主要体现在三个方面：

第一,制度优势与治理效能是内在统一的,但需要实践转化。"制度"与"治理"之间的关系正如上文所述,两者是并列关系、不可偏废。而这两者的并列关系在具体实践中亦是如此,没有制度参与的治理是无法解决实质性问题的,而没有治理参与的制度是无法彰显其活力的。只有将治理实践成功的经验及方法制度化,才能形成优秀的制度;也只有将制定好的制度进行科学规范的治理,才能促使善治的实现。制度与治理是相互依存、相互促进的有机整体,而"优势"与"效能"也是如影随形的关系。缺乏制度优势的治理效能往往是无效的或者是低效的,而缺乏治理效能的制度优势则不能称其为"优势"。一种制度是否具有优越性,不仅要看它自身的设计,还要看它是否可以给国家、人民带来实实在在的好处,更要看它在推动社会发展、维护社会秩序、改善人民生活水平以及促进和谐等方面所发挥的作用。所以制度优势与治理效能必须统一地结合在一起,只有当中国特色社会主义的制度优势成功转化为治理效能,我国制度的显著优势才能够得到完全体现。

第二,制度优势与治理效能是相辅相成的,但需要实践作用。制度优势与治理效能是双向互动、相辅相成的关系,治理效能的充分发挥可以为制度优势提供最有力的说服力和公信力,而在保持一定的治理效能情况下,制度优势可以得到不断巩固和发展。[①] 中国特色社会主义制度优势不仅体现在有效地解放和发展国家生产力,还体现国家整体的治理水平与治理效能极大的提升。[②] 面对突如其来的新型冠状病毒肺炎疫情,在中国共产党的领导下,在全国人民的共同努

[①] 周虎、王明生:《制度优势转化为治理效能的深层逻辑与实践路径——党的十九届四中全会精神学习体会》,《南京大学学报(哲学·人文科学·社会科学)》,2020 年第 2 期,第 5—15 页。

[②] 齐卫平:《制度优势与治理效能的高度统一——新时代中国国家治理体系本质特征研究》,《人民论坛·学术前沿》,2018 年第 6 期,第 6—15 页。

力下,在中国政治制度所具有的"令出一门"的高质量决策效率、上下同心的执行能力、统筹全局的协调能力、调动全社会积极性的动员能力下,疫情防控取得重大战略成功,不仅最大程度维护了中国人民的生命健康,也为世界各国的防疫赢得了宝贵时间,并提供了重要经验,向世界展现了中国独具优势的政治制度。[①] 此次举国抗疫的成果,正是中国政治制度优势成功转化为治理效能的体现,不仅很好地诠释了中国政治制度的显著优势,也为进一步完善中国特色社会主义制度,更好地优化其治理效能奠定了基础。制度优势可以通过治理效能来彰显其优越性,而治理效能在制度优势的条件下得以"生根发芽",不断地得到优化与发展。

第三,"转化"是制度优势转化为治理效能的基本前提。《决定》指出,当前我国全面深化改革的重心在于将制度优势更好地转化为治理效能,其中"转化"这一词集中体现了制度优势与治理效能之间的实践关系,而"更好"一词是对"转化"提出更高的实践要求。[②] 由于制度优势不等于治理效能,制度是否具有优越性,需要治理效能来进行验证,而这一系列验证的过程就是"转化"的过程。转化的过程是一个闭环的系统,制度可以通过不断转化,促使制度革新,从而保持制度的比较优势。一是将制度优势的"势能"落地。在一般情况下,政策是生长在制度的平台上,是在制度的基础上产生的,属于制度的延伸,其目的是实现一定时期内的治理目标。没有制度的保障,即使再优良的政策,也会丧失其稳定性及可持续性。同时,没有好的政策,再好的制度也无法体现它的优越性、无法发挥它应具有的作

[①] 房宁:《举国抗疫彰显中国政治制度优势》,《光明日报》,2020 年 7 月 10 日,第 11 版。

[②] 周虎、王明生:《制度优势转化为治理效能的深层逻辑与实践路径——党的十九届四中全会精神学习体会》,《南京大学学报(哲学·人文科学·社会科学)》,2020 年第 2 期,第 5—15 页。

用。① 制度优势转化为治理效能的首要步骤就是将制度优势转化为政策优势，并落实下来。政策一旦制定，就要深刻理解政策的内涵并且一以贯之地落实，缺乏落实的政策或者政策落不到"点"上，那么政策就如同"一纸空文"，不能解决实际问题，缺乏其应有的生命力与活力，同时还极大地损害了政府的公信力。二是将制度优势的"势能"长期保持。治理效能所呈现的成效可以检验该制度是否具有优越性。对于具有优势的制度，不能骄傲自满、故步自封，让制度优势的"势能"随时间推移而逐步消减。要坚持和完善现有的制度优势，使其保持住制度禀赋，并积极响应现代化的号召，进行制度创新。同时，要及时从治理效能的反馈中分析出制度的不足之处，积极地进行制度革新，提升制度的自身优势。无论治理效能所体现的制度是否具有优越性，都需要根据时代的要求积极地进行制度革新，从而使得制度优势的"势能"长期保持。制度优势转化为治理效能是一个闭环的运作系统，通过制度优势转化为政策落实、治理效能转化为制度革新、制度革新转化成新的制度优势这一连串的系统运作，使得制度得到不断的优化，并长期地保持制度优势。

(二)"执行"是制度优势转化为治理效能的"关键之钥"

中国特色社会主义制度具有非常显著的比较优势，其制度体系的构建十分科学、合理、全面。我国的国家制度在保持中国特色的情况下，充分彰显着社会主义制度的优越性，大力发挥着其治理效能。党的十九届四中全会将我国的制度优势简要概括为"十三个坚持"。这"十三个坚持"不仅是我国社会经济发展的关键所在，还是中华民族实现伟大复兴的制度之基与治理之道。在推进国家治理现代化的

---

① 燕继荣：《制度、政策与效能：国家治理探源——兼论中国制度优势及效能转化》，《政治学研究》，2020 年第 2 期，第 2—13 页。

过程中,在坚定制度自信的同时,不能仅满足于已有的制度优势而停滞不前,必须要辩证地看待制度优势,深刻认识和理解制度自身的内涵及其优势,从而充分发挥治理效能。

第一,制度优势是比较优势,是一种制度"势能"。中国特色社会主义制度无论是与传统的社会主义制度相比,还是与资本主义制度相比都具有比较优势。我国制度的显著优势主要体现在执政党与参政党协调一致,共同发展;坚持人民利益至上,将个人利益与社会乃至国家利益有机结合在一起,实现统筹兼顾;实现民主与集中的相互统一,有效整合社会资源;国家领导层实行有序的更替,稳步推进国家的治理方针;注重从基层实践中选贤任能,形成经验丰富、务实有为的领导群体。[①] 正是因为我国特色社会主义制度的独特优势,使得社会得以长期稳定的发展、经济得到长足的进步,创造了中国式的"世界奇迹"。此外,需要强调的是,正如习近平总书记指出的,中国社会主义制度的显著优势就是集中力量办大事。[②] 但是这并不代表可以集中力量办大事的制度都是好的制度,如封建制度在历史中也曾经集中过力量办大事。所以制度的好坏不能单凭是否可以集中力量办大事来评判,这只是制度优劣和是否具有制度优势的评判标准之一。制度优势并不是一成不变的。以往的制度优势并不能代表现在的制度优势,如若不及时进行制度革新,优势会随着时代的变化以及经济的发展而变化、削弱或丧失。要想长期保持制度的优势,需要通过不断地转化,及时地进行制度革新,使得制度得以长期地保持住比较优势,变成一种不断增长的优势。

第二,制度优势不等于治理效能,优势不等于"优效""优能"。要

[①] 秦刚:《中国特色社会主义制度的比较优势》,《中共中央党校学报》,2015 年第 6 期,第 29—34 页。

[②] 郝永平、黄相怀:《集中力量办大事的显著优势成就"中国之治"》,《人民日报》,2020 年 3 月 13 日,第 9 版。

形成治理效能得依靠"转化"的力量。制度是一种行为规范,而治理是一种管理的过程,所以制度优势不等于治理效能。治理效能必须要借助中介的力量,将制度优势进行转化来获得;从另一个视角来看,优势可以分为外在优势和内在优势两种。外在优势容易受到周围事物的影响,而导致优势丢失,而内在优势由于是靠自身"做功",其优势可以长期得到保持。国家治理现代化的关键在于转化,将制度的外在优势转化为内在优势,再将内在优势转化为治理效能。① 简而言之,提升制度的自身品质是制度优势转化为治理效能的关键一步。要想长期保持制度优势,就必须要不断推进制度的改革创新,不断提升制度的禀赋。

第三,执行是制度优势转化为治理效能的关键。制度的生命力在于执行,一个制度是否能够得到有效的执行,直接会影响到治理的成效,也是制度优势是否能够顺利转化为治理效能的关键。再优秀的制度,如果缺少了制度执行,那该制度只会是形同虚设,其治理效果也会大打折扣。治理体系是制度体系的体现,而治理能力是执行能力的体现,有了好的制度体系,还需要具备与之相匹配、相适应的治理能力。制度执行越有力,治理能力越有效,越能充分发挥出制度体系所具有的功能,最终得以彰显制度的优越性。制度优势的显现在于政策执行,所谓的政策执行就是执行主体通过一定的方法和手段,为实现政策或治理目标而采取的各种行动的过程,其实质就是将政策理念转化为治理效果的过程。简而言之,政策执行是将决策转化为可以操作的过程,也是政策落实的实际操作。政策执行是将党和国家意志转化为政策成效的具体过程,也是党、政府与群众相互交流沟通的主要场域,政策执行的效果直接反映出是否可以实现政策

---

① 虞崇胜:《将制度优势转化为治理效能——国家治理现代化的关键环节》,《理论探讨》,2020 年第 1 期,第 5—11 页。

目标。^① 政策是否得到准确无误的执行，是制度优势转化为治理效能的关键所在，政策落实必须配备强有力的政策执行力，否则再优秀的制度、再好的政策，也无法发挥其应有的效能。制度优势发挥的关键是转化为治理效能。治理效能是检验制度是否具有优越性的标准，也是国家治理现代化的目标导向，更是中国特色社会主义制度在经济、政治、文化、生态等方面政策运行的集中体现。实现国家治理体系与治理能力现代化是一个动态的过程，把中国特色社会主义制度的显著优势转化为治理效能不仅是时代的要求，更是制度、政策、执行向后延伸的必然结果。只有将政策执行充分地转化为治理效能，才能从治理效能所展现出来的成效评判制度的优越。政策执行是制度优势转化为治理效能的必备条件，而治理效能是对制度优势、政策落实以及政策执行的必要反馈。

三、从"中国之制"到"中国之治"的路径优化

习近平总书记在中央全面深化改革委员会第十三次会议中强调，我国全面深化改革的任务越是繁重、复杂、艰难，则越是值得坚持，不仅要健全全国各领域的制度体系，更要完善好国家治理体系。^② 当前，世界正面临着百年未有之大变局，而中国开启了向第二个百年目标奋进的新征程，如何将中国的制度优势更好地转化为治理效能，不仅是推进党和国家事业发展的必然要求，更是实现中华民族伟大复兴的关键所在。

---

① 王立剑：《实现从先进理论到治理效能的"四个转化"》，《理论导报》，2019 年第 12 期，第 63—64 页。
② 李炳军：《在大战大考中完善制度建设提升治理效能》，《学习时报》，2020 年 7 月 13 日，第 1 版。

(一) 坚持和加强党的领导是中国制度优势的根本支撑

党的十九大报告明确指出,我国最显著的制度优势就是中国共产党的领导,这也是我国国家制度最本质的特征。①《决定》中所阐述的"十三个显著优势"都与坚持党的领导这一根本制度息息相关。党的十九届五中全会指出,未来我国发展将面临更多极其复杂的国际形势,要破解许多难题,应对一系列风险挑战。这些都离不开党的指引力和凝聚力。坚持党的领导不仅是国家治理现代化的必备要求,更是我国制度优势的根本支撑。

中国共产党致力于理论创新、实践创新、文化创新来推进制度创新,不断地为各领域制度的发展及完善提供"源头活水"。党的十八大以来,中国共产党将搞好制度"供给侧结构性改革"作为新时代制度建设的重大命题,积极推动全面深化改革,同时进行制度的"破"和"立"。"破"的关键在于将不科学、不合理、不合时宜或影响国家治理现代化进程的制度坚决破除;"立"的关键在于针对未健全、未完善、未稳定的制度体系,及时地建立起配套、科学、系统、有效的制度,使得政治、经济、文化、社会等各方面制度体系更加健全、成熟、稳定。自推行全面深化改革的总目标以来,我国在各方面重点领域已取得了阶段性胜利,基础性制度体系已逐渐形成,而取得这些傲人成绩的关键都在于党的正确领导。中国共产党在推进国家治理现代化的道路中,一直扮演着"风向标"和"方向盘"的角色,发挥着总揽全局、协调各方的领导核心作用,在促使社会资源得到有效整合的同时,还得到科学、公平、合理地分配,最终使得政策目标、治理目标得以实现。一言以蔽之,正是在党的领导下,才使得我国的制度优势有效地转化

---

① 王香平:《中国共产党的领导是中国特色社会主义最本质的特征》,《世界社会主义研究》,2017 年第 1 期,第 119 页。

为治理效能。当前,中国正处于社会深刻变革、加速推进现代化的重要时期,只有始终坚持党的领导、贯彻落实党中央决策部署,将党的领导落实到国家治理的方方面面,才能使得制度优势更好地转化为治理效能,最终实现善治。

(二) 坚持和健全协商民主制度是国家治理现代化的必然要求

协商民主是实现党的领导的重要方式,也是中国社会主义民主政治的特有形式和独特优势。相较以投票为基本形式的民主政治,以商量为主的协商民主能够最大程度使公民参与到国家公共事务处理、公共政策形成的过程中来,更能够在合法性与合理性这两个方面大大提升公共政策质量,从而更好体现人民当家作主是中国社会主义政治的本质和核心。党的十九大报告明确强调,社会主义民主政治就是以民为本,不仅要体现出人民的意志,还要保障好人民的权益,用制度体系来保证人民得以当家作主。[①] 推进国家治理现代化是完善和发展中国特色社会主义的必然要求,其目的就是要使各方面、各领域制度更加成熟、定型。为此,必须坚持和健全社会主义协商民主制度,不断推进协商民主制度化、规范化、法治化、系统化建设,不断提升国家对公共事务的治理水平,充分展现社会主义协商民主制度优势、彰显人民当家作主的社会主义民主政治的本质。在世界百年未有之大变局的时代背景下,发展社会主义协商民主制度应坚定不移地把握以下原则:

第一,坚持正确的政治方向。党的领导是我国最根本、最显著的制度优势,也是社会主义协商民主制度得以发展的前提条件。大力发展我国协商民主制度应始终坚持党的领导、人民当家作主、依法治

---

① 张立伟:《坚持党的领导、人民当家作主、依法治国有机统一》,《领导科学论坛》,2019 年第 6 期,第 36—59 页。

国有机统一,贯彻落实民主集中制,以及坚定不移地走中国特色社会主义发展道路。

第二,广泛的公民参与。习近平总书记明确指出,在中国特色社会主义制度下,人民民主的真谛在于有事好商量,众人的事由众人商量,从而找出全社会意愿的最大公约数。公民参与是作为一个民主政治的标志,可以更好地体现出政府公共管理的民主性、有效性以及透明性,是中国社会主义协商民主制度直接的表现形式。广泛的公民参与需要在党的领导下,建立起一个规范化的空间,引导公民充分的参政议政,同时广泛听取民意和集中民智,从而提高公共服务水平以及公民满意度。

第三,坚持依法治国。全面依法治国是治国理政的根本策略,协商民主必须在法律的框架内运行,来保障人们有序政治参与的民主形式。应不断健全社会主义协商民主制度,在法律允许范围内,扩大公民参与,充分运用民主集中制的优势,从而保障政策更好地顺乎民意。

(三) 制度革新是制度优势转化为"善制"的必经之路

制度优势转化为治理效能是一个闭环的运行系统,而转化的关键在于制度革新。国家治理好似逆水行舟、不进则退,既不能在制度的优势中止步不前,又不能面对不健全或有缺陷的制度而不去完善。因此,必须与时俱进强化推进制度革新,使中国特色社会主义制度这一根本制度始终保持制度优势。就具体制度而言,需要依据制度建设的督促、效果和执行反馈情况与时俱进革新制度建设的内容和方式。通过治理效能的反馈,大致将制度分为三种类型:第一,存在缺陷的制度。这类制度主要体现为治理效能负增长,不能适应时代的发展。面对这类制度,需要及时进行改革,使负增长得到抑制,并趋向于利好的状态发展。第二,止步不前的制度。该类制度主要体现为治理效能零增长，既不产生好的治理，又不会导致治理效能负增长。这类制度就像蛀虫一样长期存在，久而久之会产生严重的影响，就如同千里之堤、溃于蚁穴。因为不产生负向的治理效能，所以很难被发现，因此必须及时进行全面的制度改革及创新。第三，具有优势的制度。这类制度的治理效能往往是优异的。面对这类具有比较优势的制度，需要及时地将制度的外在优势转化为内在优势，使得制度的内在"品质"得以提升，从而成为"善制"。实现"善制"是一个动态的过程，通过制度自我完善和发展，从而促使制度获得优秀的内在优势。需不断提升制度的适应性、包容性、共识性、自主性以及进取性②，使制度的外在优势转变为内在优势，才能实现"善制"。

制度革新必须在中国特色社会主义的制度基础上，在党的领导下进行制度改革及创新，这不仅是时代的召唤，更是中华民族伟大复兴的必经之路。

(四) 强化制度执行力是实现"善制"与"善治"统一的核心

一个良善的制度，若没有强有力的制度执行力，那么再优越的制度也难以发挥作用。因此，在推进国家治理现代化的进程中，不仅要建立科学、完善的制度体系，更要不断强化制度执行力。只有将中国特色社会主义制度一以贯之地执行，才能促使中国"善治"的状态早日实现。

第一，强化制度意识。制度意识是十分重要的，一旦没有制度意识，就没人去接受、认同以及遵循制度，那么制度就如同摆设一般，毫无作用。必须不断加强制度意识建设，自觉养成按制度办事的意识，严格执行制度、坚决维护制度。此外，还需不断加强制度的深入研究、宣传以及教育，坚定制度自信，增强行动自觉。

第二，维护制度权威。制度的权威性不仅需要主观认同，更需要权力的配合。在制定制度时,扩大公民参与的广度和深度,使制度深得民心;在制度的执行时,要加强对制度执行的监管力度,对各个环节进行全面监督和管理,使得制度可以得到有效执行;在制度执行后,根据治理效果采取激励和问责两种手段,增强制度的权威性。

第三,健全制度执行监督机制。权力的运行离不开监督和制约,这是权力正确运行的根本保证。只有权力得到有效制约和监督,人民的权益才能得到保障。首先,对各项制度执行责任制定成一套可量化、考核、追责的具体规定,大力构建党的统一领导、全面覆盖的监督体系①;其次,加强对制度执行的组织领导,做到层层落实责任,人人尽职尽责;最后,加大公民参与,动员和组织人民群众依法管理国家及社会事务,使得制度的执行可以受到全民的监督,人民群众的利益也得以保障。

第四,发挥好领导干部的表率作用。党的十九届四中全会明确强调,各级领导干部要起到带头作用、做好表率,加强制度意识的同时,维护好制度的权威性。领导干部必须要对自己严要求,做好制度执行的表率,引领社会增强制度意识,自觉维护制度权威。②

四、结语

中国特色社会主义制度深植于广阔的中华大地,吸吮着中华五千多年的文化养分,是全国人民长期努力奋斗以及探索实践所形成的科学制度体系,具有深刻的内在逻辑、实践逻辑以及理论逻辑。党

---

① 欧召大:《加强对制度执行的监督,强化国有企业制度执行力》,《人民日报》,2019 年 12 月 30 日,第 9 版。
② 虞崇胜:《将制度优势转化为治理效能——国家治理现代化的关键环节》,《理论探讨》,2020 年第 1 期,第 5—11 页。

的十九届四中全会提出的"把我国制度优势更好转化为国家治理效能"的重要命题,不仅给我国全面深化改革的总目标指明方向,还开辟了一条国家治理的新道路。习近平总书记在党的十九届五中全会上再次强调:"我国有独特的政治优势、制度优势、发展优势和机遇优势,经济社会发展依然有诸多有利条件,我们完全有信心、有底气、有能力谱写'两大奇迹'新篇章。"制度优势不等于治理效能,推进国家治理体系和治理能力现代化,关键是把制度优势更好地转化为治理效能。

　　总而言之,坚持和完善中国特色社会主义制度、推进国家治理体系与治理能力现代化是一项具有创造性的历史伟业,也是我国治理的长期战略。只有将中国特色社会主义制度优势更好地转化为国家治理效能,才能通过治理效能更好地彰显中国的制度优势。正如《习近平谈治国理政》第三卷第十九个专题所强调的,要从全面从严治党的角度,深化对强化制度意识、执行力和监督机制的认识。在执行中,实现制度优势的"势能"向实实在在看得见、摸得着的治理效能的转化。在推进国家治理现代化的进程中,要继续发挥社会主义制度优势、坚定不移地坚持党的领导、健全各领域制度体系、积极推动制度改革创新以及强化制度的执行力,为建设一个伟大的社会主义现代化国家、实现中华民族伟大复兴的"中国梦"提供强有力的制度支撑。

（原载于《甘肃社会科学》2021 年第 1 期,与王心合作,在此致谢）

大力发展全过程人民民主

　　全过程人民民主，是中国特色社会主义民主政治的基本特征和优势所在。它不仅深刻反映了我国人民当家作主的本质属性，更是党领导人民开创的体现民主本质、符合中国国情、反映人民需要的民主样态。中国特色社会主义进入新时代，以习近平同志为核心的党中央明确把人民对美好生活的向往作为奋斗目标，紧紧依靠人民，大力发展全过程人民民主，"把人民当家作主具体地、现实地体现到党治国理政的政策措施上来，具体地、现实地体现到党和国家机关各个方面各个层级工作上来，具体地、现实地体现到实现人民对美好生活向往的工作上来"。

　　人民的美好生活需要是广泛的，在通过全过程人民民主满足人民美好生活需要过程中，必须始终不渝坚持中国共产党的领导。人民的美好生活需要不是单一的，而是广泛且多样的，它体现在更满意的收入期待、更稳定的工作期盼、更可靠的社会保障、更高水平的法治期望、更深入的权利参与、更优美的环境期许等方面。通过发展全过程人民民主来满足人民广泛而多样的美好生活需要，需要有整体视野和全局眼光，需要有明确的方向指引和组织引领，这一使命唯有依靠中国共产党才能完成。中国共产党自诞生之日起，就把为中国人民谋幸福、为中华民族谋复兴作为自己的初心使命，从来不代表任何利益集团、任何权势团体、任何特权阶层的利益。党的领导是全方位的，是以与人民同呼吸、共命运为指向的，是以团结凝聚民众为导向的。党的领导不仅是发展全过程人民民主的根本保证，更是确保全过程人民民主高质量发展的根本动力所在。一系列的事实充分表明，唯有坚持党的领导，才能使人民在满足自身多样化的美好生活需要中始终坚定向前。

人民的美好生活需要是具体的，在通过全过程人民民主满足人民美好生活需要过程中，必须着力解决人民群众急难愁盼问题。人民的美好生活需要不是遥不可及的梦想，而是来自生产生活实践中的期盼。它既可能体现为群众的就业需要，也可能体现为家庭成员的就医需要，又可能体现为小区的停车难问题，还可能体现为民众舌尖上的安全问题。全过程人民民主从来不是花里胡哨的"民主秀"，也不是少数人的"政治秀"，而是基于群众生产生活工作实践中的问题形成的新型民主实践。全过程人民民主不仅能保证人民群众在日常政治生活中有广泛持续深入参与的权利，也能保证人民群众在日常社会生活中有广泛协商有效参与的权利，从而寻求人民群众需要的最大公约数，寻找急难愁盼问题解决的最佳契合点。面对人民美好生活需要的现实关切，要始终紧扣时代脉搏和发展大势，紧紧团结广大群众，在广泛的民主实践中厘清群众真正的揪心事、烦心事和操心事，千方百计把实事办实、真真切切把实事办好。唯有以群众急难愁盼问题为导向，才能真正克服满足人民日益增长的美好生活需要的主要制约因素；唯有坚持以全过程人民民主来解决群众急难愁盼问题，才能更好推动人的全面发展和社会的全面进步。

人民美好生活需要是日益增长的，在通过全过程人民民主满足人民美好生活需要过程中，必须始终不渝拓宽民主渠道、丰富民主形式。党的十九大报告指出，人民"不仅对物质文化生活提出了更高要求，而且在民主、法治、公平、正义、安全、环境等方面的要求日益增长"。为更好满足人民日益增长的美好生活需要，党坚持和发展全过程人民民主，并使之成为维护人民根本利益的最广泛、最真实、最管用的民主。通过坚持和完善人民代表大会制度，我国所有的重大立法决策都是以科学决策、民主决策的方式方法产生的；通过生动的基层民主实践，我国基层群众事务都是围绕民主选举、民主决策、民主管理、民主监督全面展开的；通过广泛的协商民主实践，我国存在的许多不平衡不充分的难题都是坚持"有事好商量，众人的事情由众人商量"的理念有效解决的。在全面建设社会主义现代化国家的新征程上，人民日益增长的美好生活需要呈现更多新样态，必须确保过程民主和成果民主、程序民主和实质民主、直接民主和间接民主、人民民主和国家意志相统一，形成更加多样、丰富的全过程人民民主实践形式。

（原载于《中国社会科学报》，2022 年 03 月 15 日 08 版；本文与胡军合作，在此致谢）

以建设全国统一大市场推动高质量发展

近日,中共中央、国务院发布了《关于加快建设全国统一大市场的意见》(以下简称《意见》),明确要加快建设高效规范、公平竞争、充分开放的全国统一大市场,为建设高标准市场经济体系、构建高水平社会主义市场经济体制提供了坚强支撑,为实现更高质量、更有效率、更加公平、更可持续的发展奠定了坚实基础。

建设全国统一大市场,有利于推动国内市场高效畅通和规模拓展,加快区域协调发展。当前,我国已形成了主体功能优势互补、东西南北中纵横联动的区域经济布局。同时,新形势下的区域发展仍面临不少难点和问题。就城市发展来说,存量经济带来的结构分化扩大了头部企业的优势效应,技术革命创新所主导的产业也呈现出鲜明的聚集特征,加之城市层级对城市间公共资源配置的影响,往往使拥有头部企业和优势产业的高级别城市在人才、资本、技术等方面形成巨大的"虹吸现象",加剧了以大城市为核心的都市圈竞争态势。加快建设全国统一大市场可视为一种强有力的纵向治理措施,通过发挥要素市场在资源配置中的调节作用,强调建设规则统一、竞争充分、高度开放、运行有序的市场格局;通过市场一体化,以大格局的姿态把握资金、人才、技术、资源等市场要素的整合,打通制约国内循环的"堵点";通过充分开放市场,更积极地发挥中心城市的龙头带动作用,促进优质服务及设施在更大范围内的共享和产业的有序转移,从而在充分发挥市场机制对资源配置的决定性作用的同时,形成以政府为主导、市场为纽带、企业为主体的区域间合作模式。

建设全国统一大市场,有利于加快营造稳定公平透明的营商环境,激发中小微企业发展活力。中小微企业作为国民经济发展的主力军,除其经济内涵之外还承载着重要的社会性功能,在"兜底性"民生领域中发挥着关键作用。近年来,我国金融、税收方面的一系列扶持政策进一步激发了中小微企业的发展活力。在新冠疫情、经济下行压力等因素的影响下,保护中小经营者的权益,扶持中小微企业的改革转型,对维持我国经济发展和社会稳定具有十分重要的作用。全国统一大市场的建设有利于营商环境的进一步优化,实现经济从"发展竞争"到"平等竞争"的转型。《意见》强调了市场基础制度规则的统一、要素和资源市场的统一、市场监管公平的统一等,力求通过"进一步规范不当市场竞争和市场干预行为",打造稳定公平透明的营商环境;提出对自然垄断行业实行稳步改革,加强对创新型中小微企业原始创新和知识产权的保护,为中小微企业降低各种制度和非制度性交易成本,提高企业的抗风险能力扫清障碍。《意见》还特别提出平台企业"数据垄断"的问题,以及建立健全数据安全、交易流通、开放共享等标准规范的要求,为中小微企业对数据资源的开发利用和数字化转型提供了重要的政策保障。

建设全国统一大市场,有利于进一步优化市场对资源的配置,扎实推动共同富裕。伴随着经济建设取得巨大成就,人民的生活水平得到了普遍改善,但贫富差距的现象依然存在,成为推动实现共同富裕过程中亟待破解的难题。贫富差距问题与资源的合理配置密切相关。推动共同富裕,缩减贫富差距,需要对市场配置资源体制进一步优化,构建合理的分配制度,创建更加普惠、人人参与的发展环境。建设全国统一大市场有利于进一步实现资源的有效配置。全国统一大市场的建设强调破立并举,通过破除市场壁垒,建设统一的市场准入制度、要素和资源市场等,促进形成公平竞争的市场环境和市场化、法制化、国际化的营商环境,充分发挥市场在资源配置中的决定性作用,以保障生产要素初次分配的正常运行。同时,通过转变政府职能,更好地发挥政府作用,从而链接社会需求和供给,运用合理科学的结构政策,强化政府在二次分配、三次分配过程中的调控和引导功能,有效弥补市场失灵,为实现共同富裕提供重要保障。

（原载于《中国社会科学报》2022 年 07 月 12 日 08 版;本文与朱晔文合作,在此致谢）

建立健全"三大体系"为
人民安全织密防护网

习近平总书记在参加十三届全国人大三次会议湖北代表团审议时指出,"防范化解重大疫情和突发公共卫生风险,事关国家安全和发展,事关社会政治大局稳定。"并就完善公共卫生体系提出了"整体谋划、系统重塑、全面提升"的12字总要求。习近平总书记强调,"人民安全是国家安全的基石。要强化底线思维,增强忧患意识,时刻防范卫生健康领域重大风险。只有构建起强大的公共卫生体系,健全预警响应机制,全面提升防控和救治能力,织密防护网、筑牢筑实隔离墙,才能切实为维护人民健康提供有力保障。"

习近平总书记关于建立强大公共卫生体系的重要论述,为新时代改革疾病预防控制体系,进一步健全重大疫情救治体系,深入开展爱国卫生运动以及从体制机制上完善公共卫生管理、强化责任指明了方向,为建立健全新时代强大的公共卫生体系提供了行动指南。因此,笔者认为,有必要从建立健全控制体系、保障体系、价值体系等"三大体系"入手,为人民安全织密防护网。

建立健全价值体系。坚持"人民至上"理念。坚持人民至上、生命至上,牢固树立人民安全是国家安全的基石的意识,始终把人民健康摆在发展的首位,把人民群众生命安全放在国家安全的重要位置。

树立人类命运共同体理念，积极履行国际义务，密切合作，共同构建人类卫生健康共同体。加强生态伦理教育。从人与自然共生的理念出发，规划和约束人对自然的伦理态度和道德行为，以一种可持续发展的伦理观念重新审视人与自然的基本关系，以一种新的生态视角重新思考人类发展过程中人与人、人与社会、人与自然之间应有的平等关系。重新塑造生态与发展共存、简约与丰富共生的生活方式，重塑对自然界的敬畏之心。加强卫生知识教育。创新方式方法，大力开展健康知识普及。深入开展卫生应急知识宣讲，提高人民群众对突发公共卫生事件认知水平和预防自救互救能力。倡导文明健康绿色环保的生活方式，树立良好饮食风尚，推广文明健康生活习惯。

建立健全控制体系。加强顶层设计，谋长远之策，建久安之势，要从中华民族伟大复兴的全局高度，科学、理性审视突发公共卫生事件防控暴露出的问题和短板，下足"绣花功夫"，打好"公共卫生安全补丁"，健全突发公共卫生事件应对预案体系和防控体系。完善体制机制，优化完善疾病预防控制机构职能设置，创新医防协同机制，强化各级医疗机构疾病预防控制职责，夯实联防联控的基层基础；完善突发公共卫生事件应急体制，建立健全公共卫生机构和医疗机构协同监测机制；优化防控机制，建立健全分级、分层、分流的重大疫情救治机制，健全重大疾病医疗保险和救助制度；建立人员通、信息通、资源通和监督监管相互制约的机制。健全应急协调机构，强化突发公共卫生事件的应急指挥、紧急情况下的资源调配和多部门协调功能，把制度优势转化为治理效能。完善应急监测与预警系统。完善传染病疫情和突发公共卫生事件监测系统，改进不明原因疾病和异常健康事件监测机制，提高评估监测敏感性和准确性，建立智慧化预警多点触发机制，健全多渠道监测预警机制，提高实时分析、集中研判的能力。完善公共卫生法治体系，有针对性地推进传染病防治法、突发公共卫生事件应对法等法律修改和制定工作，健全权责明确、程序规范、执行有力的疫情防控执法机制和责任机制,健全公共卫生法治体系。

建立健全保障体系。加大财政投入。建设一批高水平公共卫生学院,着力培养能解决病原学鉴定、疫情形势研判和传播规律研究、现场流行病学调查、实验室检测等实际问题的人才。加大对中小城市的医疗资源投入,使中小城市医疗资源的配置更加合理;加大对偏远山区特别是贫困地区的医疗资源投入,改变贫困落后地区公共卫生投入总量较小、城乡差异大、地区差异大的状况。加大人才培养力度。建立适应现代化疾控体系的人才培养使用机制,稳定基层疾控队伍,改变公共卫生人才结构、分布不尽合理的局面;进一步加强基层人才、公共卫生人才和健康服务人才的培养力度;进一步出台激励措施,重大项目、重大人才激励措施适当向基层、艰苦贫困地区倾斜,强化基层卫生人员知识储备和培训演练,提升先期处置能力,增强服务能力和服务水平。强化中医药特色人才建设,打造一支高水平的国家中医疫病防治队伍。加大医药研发力度。发挥新型举国体制的优势,集中力量开展核心技术攻关,吸引更多优秀人才进入科研队伍。推动中西医药相互补充、协调发展。加强对中医药工作的组织领导,加强古典医籍精华的梳理和挖掘,建设一批科研支撑平台,改革完善中药审评审批机制,促进中药新药研发和产业发展。加大对公共卫生环境整治力度。坚持群众路线,通过广泛发动群众,形成人人动手、人人参与,群防群控的良好局面。加强人居环境整治,加强公共卫生环境基础设施建设,推进城乡环境卫生整治,推进卫生城镇创建;有效切断病菌通过环境传播扩散的途径,营造出干净整洁、有利人们身心健康的工作和生活环境。倡导文明健康、绿色环保的生活方式,把全生命周期管理理念贯穿经济社会发展和民生改善以及社会治理的全过程。

(原载于人民网·理论频道,2020年06月08日;本文与张鹏启合作,在此致谢)

建立健全科学完善高效的突发
公共卫生事件防控体系

习近平总书记在参加十三届全国人大三次会议湖北代表团审议时指出，公共卫生事关国家安全和发展，事关社会政治大局稳定。突出强调防范化解重大疫情和突发公共卫生风险的重要性，并就完善公共卫生体系提出了"整体谋划、系统重塑、全面提升"的12字总要求，为新时代改革疾病预防控制体系，提升疫情监测预警和应急响应能力，进一步健全重大疫情救治体系，完善公共卫生应急法律法规指明了方向。

当前，科学和技术的进步以及现代化的发展在增加物质财富的同时，也带来了各种风险和隐患。其中，公共卫生事件由于其突发性、复杂性、不可预测性和极强的危害性，对人类社会的危害更加突出。主要表现在：一是突发公共卫生事件爆发频次有增无减。近年来，突发公共卫生事件此起彼伏，从非典疫情、非洲猪瘟、甲型H1N1流感、野生型脊髓灰质炎疫情、塞卡病毒疫情、埃博拉疫情、中东呼吸综合征，以及当前正肆虐全球的新型冠状病毒肺炎疫情，等等。二是公共卫生事件治理难度增大。突发性且具有高传染性的病毒疫情从未停止过，一度成为世界各国面临的巨大难题。现代社会关系的复杂、交通流转的便捷、人员管控的不便都对疫情治理提出了新要求，各类病毒也在人类治理过程中不断适应和变异产生出更具危害性、难治性的新样态,其治理难度不断增加。三是生态危机正是人类面临的紧迫问题。公共卫生问题,从根本上看都是由于人类对生态的破坏造成。但是,人类并没有从环境污染、生态破坏的困境中走来。因此,按照习近平总书记的"整体谋划、系统重塑、全面提升"的总要求,构建科学完善的公共卫生体系,不仅是建设健康中国的需要,也是推动经济社会发展,全面实现中华民族伟大复兴中国梦的需要。

加强顶层设计,建立健全突发公共卫生事件防控治理体系。习近平总书记指出,预防是最经济最有效的健康策略。要立足更精准更有效地防,优化完善疾病预防控制机构职能设置,创新医防协同机制,强化各级医疗机构疾病预防控制职责,夯实联防联控的基层基础。要加强突发公共卫生防控治理体系的顶层设计,谋长远之策、建久安之势,从中华民族伟大复兴的全局高度,科学、理性审视突发公共卫生事件防控暴露出的问题和短板,下足"绣花功夫",打好"公共卫生安全补丁",建好科学完善的突发公共卫生事件防控体系。完善突发公共卫生事件应急体制,优化防控机制,建立健全分级、分层、分流的重大疫情救治机制,健全重大疾病医疗保险和救助制度;建立健全常设性综合应急机构,突出突发公共卫生事件的应急指挥、紧急情况下的资源调配和多部门协调功能,进一步发挥制度优势和体制优势。完善应急监测与预警系统,进一步健全应急预案和监测网络,建立智慧化预警多点触发机制,健全多渠道监测预警机制。堵住监测系统不健全、反应慢而导致应急监测不准确、应急准备不充分的短板。构建公共卫生法律法规体系,在 2003 年国务院颁布的《突发公共卫生事件应急条例》和 2004 年修订的《中华人民共和国传染病防治法》基础上,结合现代化进程导致的突发公共卫生事件的防控治理实践中积累的相关经验,进一步完善相关法律法规,健全疫情防控执法机制,加强普法,提高全民法治意识和公共卫生风险防控意识,强化公共卫生法治保障。只有从制度层面进行谋划安排,才能建立健全长效机制,筑牢人民群众的生命防线。

加大各类投入,建立健全突发公共卫生事件防控保障体系。突发公共卫生事件的治理成本与治理效率取决于国家对公共卫生事业的支持与投入。一是要加大财政投入。改扩建一批三甲医院,加大对中小城市各级医疗资源的投入,使城市特别是中小城市医疗资源的配置更加合理;加大对偏远山区特别是贫困地区的医疗资源投入,改变贫困落后地区公共卫生投入总量较小、城乡差异大、地区差异大的状况。二是加大公共卫生人才的培养力度。扩大招生规模,加大在职公共卫生人才的职业培训力度,建立公共卫生人才储备库。三是加大对公共卫生环境的整治力度。坚持预防为主,创新方式方法,推进城乡环境整治,完善公共卫生设施,大力开展健康知识普及,倡导文明健康、绿色环保的生活方式,把全生命周期管理理念贯穿经济社会发展和民生改善以及社会治理的全过程,加快建设适应城镇化快速发展、城市人口密集集中等特点的公共卫生体系;加大美丽乡村建设力度,深入持久开展农村人居环境整治工作。

加强道德教育,建立健全突发公共卫生事件防控价值体系。公共伦理道德的加强有利于突发公共危机事件的治理。在应对突发公共卫生事件过程中,公共伦理道德是国家治理体系的强大社会基础。公共伦理道德的提升不仅是搞好突发公共卫生事件防控的重要手段,也是国家治理体系现代化的社会基础。一是加强生态伦理教育。当前,全球气候变暖、臭氧层空洞扩大、物种锐减和生物多样性逐步消失、能源短缺等生态问题,是人类面临的最大威胁。人类要改变这种境遇,就必须重新审视人与自然的价值关系和伦理关系,从构建人类命运共同体的视角出发,从人与自然共生的理念出发,规划和约束人对自然的伦理态度和道德行为,以一种可持续发展的伦理观念重新审视人与自然的基本关系,以一种新的生态视角重新思考人类发展过程中人与人、人与社会、人与自然之间应有的平等关系。同时,也要求我们以一种更加理性的方式重新塑造生态与发展共存、简约与丰富共生的生活方式,重塑对自然界的敬畏之心。二是加强公民道德建设。突发公共卫生事件往往具有突发性,这就要求人民群众更加自律、更具责任意识和法律意识。做到令行禁止,积极参与到突发公共卫生事件的防控全过程;顾全大局,无私奉献;不信谣、不传谣,坚决杜绝信息投机、刻意误导等行为。

(原载于光明网·理论频道 2020 年 06 月 15 日;本文与张鹏启合作,在此致谢)

脱贫攻坚·乡村振兴·共同富裕

新时代中国共产党人初心使命的重要体现
——以精准脱贫为分析视角

　　消除贫困自古以来就是人类梦寐以求的理想,是各国人民追求幸福生活的基本权利。在人类发展历史上,贫困问题一直是困扰世界各国的重大挑战和未竟难题。作为马克思主义的忠诚继承者,中国共产党从成立之初就坚持无产阶级的历史使命和共产主义远大理想,把为中国人民谋幸福,为中华民族谋复兴作为自己的初心和使命。这个初心和使命,是激励中国共产党人在反贫困事业上不断前进的根本动力。党的十九大报告指出:"让贫困人口和贫困地区同全国一道进入全面小康社会是我们党的庄严承诺"[1],强调"从现在到2020年,是全面建成小康社会决胜期",并把脱贫攻坚列为党要打好三大攻坚战的重要任务之一。[2] 新时代脱贫攻坚战中的"精准脱贫"方略,关注的是每一个具体的、现实的人的全部脱贫。这是党践行初心使命的必然过程和阶段性结果,也是中国共产党人初心使命在新时代的重要体现。

---

① 《习近平谈治国理政》第 3 卷,北京:外文出版社,2020 年,第 37 页。
② 《习近平谈治国理政》第 3 卷,北京:外文出版社,2020 年,第 22 页。

一、为了谁、如何做：中国共产党人的初心源起与使命推进

在党的十九大报告中，习近平总书记将中国共产党人的初心和使命精准概括为"为中国人民谋幸福，为中华民族谋复兴"，并指出"这个初心和使命是激励中国共产党人不断前进的根本动力"[1]。对中国共产党人初心和使命的这一概括不是凭空创造出来的，更不是某种口号，而是一种誓言，是马克思主义人民性的中国表达，是对中国共产党人前仆后继的艰难探索与实践历程的升华提炼，同时也是中国共产党对"为了谁、如何做"这一根本性问题的集中解答。

1. "为了谁"的本质规定性

马克思恩格斯指出："过去的一切运动都是少数人的，或者为少数人谋利益的运动。无产阶级的运动是大多数人的，为绝大多数人谋利益的独立的运动。"[2]无产阶级运动的目的是消灭一切阶级和阶级对立，最终实现人自由而全面的发展。这表明，无产阶级政党"除了工人阶级和最广大人民群众的利益，没有自己特殊的利益"[3]，这是由无产阶级政党的阶级属性所决定的。作为马克思主义的忠诚继承者，中国共产党从诞生伊始就把"一切为了人民"作为自己的根本宗旨。

中国共产党是在中国人民贫困与被束缚的极端状态之下诞生的，所以党的二大明确提出"为工人和贫农目前利益计"的主张。以毛泽东为代表的中国共产党人还提出了"全心全意地为人民服务，一刻也不脱离群众"[4]，并强调要"团结一切可能团结的人，并且尽可能

---

① 《习近平谈治国理政》第 3 卷，北京：外文出版社，2020 年，第 1 页。
② 《马克思恩格斯选集》第 1 卷，北京：人民出版社，2012 年，第 411 页。
③ 《中国共产党第十九次全国代表大会文件汇编》，北京：人民出版社，2017 年，第 77 页。
④ 《毛泽东选集》第 3 卷，北京：人民出版社，1991 年，第 1094 页。

地将消极因素转变为积极因素"①。正是在把握人民主体地位的基础上，创造性地通过"农民取得土地，党取得农民"②这一方式赢得了新民主主义革命的胜利。在社会主义革命、建设和改革时期，在充分尊重人民的首创精神的前提下，大力发展生产力，着力改善人民生活，"不坚持社会主义，不改革开放，不发展经济，不改善人民生活，只能是死路一条"③。特别是党的十八大以来，中国的改革发展进入"深水区"，我国社会的主要矛盾也转化为"人民日益增长的美好生活需要和不平衡不充分的发展之间的矛盾"④。相比来说，随着改革的深化，人民需求层次也发生了深刻变化。

由此可见，中国共产党人的初心和使命是由党的阶级性决定的，而中国共产党阶级性的核心在于人民性。因此，面对时代的发展要求，党要始终坚持自己的初心不变，并将自身的初心与人民需要的变化性紧密结合起来，在不断满足人民日益增长的美好生活需要的实践中履行自身的初心和使命。

2．"如何做"的梯次实现性

中国共产党自成立之日起，就宣告自己的奋斗目标是"消灭资本家私有制""直到社会的阶级区分消除为止"⑤。党的二大就明确了"铲除私有财产制度，渐次达到一个共产主义的社会"的目标。⑥ 这是对中国共产党人初心使命的先声表达，自此以后，党对初心使命的追求一直都没有变过。永恒的初心在实现过程中要通过阶段性的目标

① 《毛泽东文集》第 7 卷，北京：人民出版社，1999 年，第 228 页。
② 《杜润生自述：中国农村体制变革重大决策纪实》，北京：人民出版社，2005 年，第 17 页。
③ 《邓小平文选》第 3 卷，北京：人民出版社，1993 年，第 370 页。
④ 习近平：《决胜全面建成小康社会夺取新时代中国特色社会主义伟大胜利——在中国共产党第十九次全国代表大会上的报告》，北京：人民出版社，2017 年，第 11 页。
⑤ 《建党以来重要文献选编(1921—1949)》第 1 册，北京：中央文献出版社，2011 年，第 1 页。
⑥ 《建党以来重要文献选编(1921—1949)》第 1 册，北京：中央文献出版社，2011 年，第 133 页。

来逐步实现。如何实现这一初心？正如党的二大宣言所指出的，初心有一个渐次达到或梯次实现的过程。

第一，实现"两为"，首先要破除束缚人全面发展的制度性障碍。

马克思从社会制度的层面全面分析了资本主义在发展中面临的贫困问题，提出了消除贫困、实现共同富裕的发展目标，最终目标是实现人的全面发展。在《英国工人阶级状况》一文中恩格斯强调，贫困是现代社会制度的必然结果。要消灭贫困，必须消灭资本主义制度。马克思一方面分析了贫困问题的制度性成因，另一方面也探索了解决无产阶级贫困问题的路径问题，从而成为科学社会主义实践的重要指南。在半殖民地半封建的中国，要消除贫困，就必须首先破除束缚人全面发展的制度性障碍，消除阻碍人全面发展的一切旧有上层建筑，并通过建立社会主义制度来阻断资本主义的制度化贫困。这是实现"两为"初心的前提和基础。

第二，实现"两为"，要紧抓生产力发展这个根本手段。

生产力发展是人类社会发展的基本动力，也是人类社会发展的最终决定力量。共产主义社会是建立在生产力高度发达基础上的共同富裕社会，作为共产主义的初级阶段，社会主义社会的建设目标就是要尽可能增加社会财富的总量，为共同富裕奠定丰富的物质基础。因此，社会主义的基本特征是富而不是穷，这就决定了在建设社会主义的过程中，必须把大力发展生产力，消灭贫穷，逐步实现共同富裕作为建设的首要目标。在总结社会主义建设的历史经验的过程中，邓小平明确提出："贫穷不是社会主义，社会主义要消灭贫穷。不发展生产力，不提高人民的生活水平，不能说是符合社会主义要求的。"[1]他还强调："落后国家建设社会主义，在开始的一段很长时间内生产力水平不如发达的资本主义国家，不可能完全消灭贫穷。所以，

---

[1]《邓小平文选》第3卷，北京：人民出版社，1993年，第116页。

社会主义必须大力发展生产力,逐步消灭贫穷,不断提高人民的生活水平。"①实现"两为",在破除束缚人全面发展的制度性障碍之后,必须把发展生产力作为重要任务,奠定走向共同富裕的物质基础。

第三,实现"两为",还必须聚焦于对具体的现实的人的关注。

马克思最早从黑格尔主义的抽象的人当中走出来,提出了具体的现实的人的概念。马克思指出,人的解放是"一种历史活动,不是思想活动","只有在现实的世界中并使用现实的手段才能实现真正的解放"。② 在马克思的理念中,"人"不是抽象的固有物。由此生发的"人民"也不是抽象的符号,"而是一个一个具体的人,有血有肉,有情感,有爱恨,有梦想,也有内心的冲突和挣扎"③。如此,"为中国人民谋幸福,为中华民族谋复兴"就不可能是抽象的空洞教条,而是具体的、现实的,它通过实践性体现出来,并在满足人民多层次需要中一步步彰显。

二、贫困治理:中国共产党人的初心践行与路径细化

从"两为"这一初心使命出发,在百年发展史中,中国共产党始终坚持将马克思主义的人民性理论与中国革命、建设、改革的具体实践相结合,并结合不同历史时期的时代特点进行战略上的谋划和细分。在半殖民地半封建的旧中国,要实现"两为",就必须首先在破解人民生存问题上实现整体民族利益,消除阻碍人全面发展的一切旧有上层建筑,通过建立社会主义制度来阻断资本主义的制度化贫困。党的十一届三中全会以后,中国共产党在尊重人民自主性的基础上追求共同富裕,紧紧抓住生产力这个贫困治理的根本手段,开展了大规

---

① 《邓小平文选》第 3 卷,北京:人民出版社,1993 年,第 10 页。
② 《马克思恩格斯选集》第 1 卷,北京:人民出版社,1995 年,第 74 页。
③ 《习近平谈治国理政》第 2 卷,北京:外文出版社,2017 年,第 317 页。

模的救济救助,提出了建设小康社会的目标。党的十八大以来,党继续坚守人的全面发展这一理念,更加关注具体的现实的人的发展,将脱贫攻坚摆在治国理政的突出位置,并将消除贫困、全面建成小康社会作为初心使命的时代表达。

1. 将推翻旧有的上层建筑视为贫困治理的前提

鸦片战争以来,中国逐步沦为半殖民地半封建社会,争取民族独立成为时代课题。与此同时,在帝国主义和封建主义的双重压迫之下,"中国人民的贫困和不自由的程度,是世界所少见的"[1]。实现人民的解放迫切呼唤新的领导力量,中国共产党应运而生。

作为中国共产党创始人之一的李大钊在构想社会主义时就指出,社会主义"不是使人尽富或皆贫,是使生产、消费、分配适合的发展,人人均能享受平均的供给,得最大的幸福"[2]。因此,中国共产党从创立之初就坚持无产阶级的历史使命和共产主义远大理想,把"共同富裕"作为自己的重要使命。党的一大纲领明确指出:"以无产阶级革命军队推翻资产阶级,由劳动阶级重建国家,直至消灭阶级差别;采用无产阶级专政,以达到阶级斗争的目的——消灭阶级;废除资本私有制,没收一切生产资料,如机器、土地、厂房、半成品等,归社会所有。"[3]其中"消灭阶级""废除私有制""生产资料归社会所有"都是为实现"共同富裕"创造条件。

党的二大明确了党的最低纲领和最高纲领,表达了党致力于摆脱贫困、走向共同富裕的目标,"中国共产党是中国无产阶级政党。他的目的是要组织无产阶级,用阶级斗争的手段,建立劳农专政的政

---

① 中共中央党史研究室:《中国共产党的九十年:新民主主义革命时期》,北京:中共党史出版社、党建读物出版社,2016年,第5页。
② 《李大钊全集》第4卷,北京:人民出版社,2006年,第196页。
③ 《中共中央文件选集》第1册,北京:中共中央党校出版社,1989年,第3页。

治,铲除私有财产制度,渐次达到一个共产主义的社会"①。为此,党的二大发表的宣言着重指出,"各种事实证明,加给中国人民(无论是资产阶级、工人或农人)最大的痛苦的是资本帝国主义和军阀割据的封建势力"②。这表明,民族独立与人民的脱贫和解放是关联性极强的两个方面,没有民族的独立,人民的脱贫和解放是难以真正实现的;而没有作为主体的人民的参与,民族独立也是难以完成的。

党的七大进一步提出了"共同富裕"的价值取向,强调党在革命胜利后的任务是"根据中国社会经济发展的需要与中国人民的意愿,经过必要步骤,为在中国实现社会主义与共产主义的制度而奋斗"③。"铲除私有财产制度""实现社会主义与共产主义的制度",是摆脱贫困、走向共同富裕的必要步骤和必然要求。为此,中国共产党把推翻"三座大山"作为自己的奋斗目标,追求实现民族独立、人民解放和国家统一。在这一目标即将完成之际,毛泽东提出了新民主主义理论,并强调"由新民主主义社会进到社会主义社会和共产主义社会,消灭阶级和实现大同"④。

在推翻旧有的上层建筑之后,中国共产党继续从制度的公平性层面进行顶层设计,在解决贫困的制度性成因基础上进行贫困治理。1949 年新中国的成立宣告了民族独立和人民解放工作取得决定性胜利,但实现脱贫致富与国家富强还有很长的路要走。帮助农民摆脱贫困进而实现共同富裕,是党发动农业的社会主义改造的重要初衷。在讨论农业合作化问题的党的七届六中全会上,毛泽东再次强调,逐步实现农业的社会主义改造,"使全体农村人民共同富裕起来。

---

① 《中共中央文件选集》第 1 册,北京:中共中央党校出版社,1989 年,第 115 页。
② 《建党以来重要文献选编(1921—1949)》第 1 册,北京:中央文献出版社,2011 年,第 133 页。
③ 《中共中央文件选集》第 15 册,北京:中共中央党校出版社,1991 年,第 115—116 页。
④ 《毛泽东选集》第 4 卷,北京:人民出版社,1991 年,第 1476 页。

我们认为只有这样,工人和农民的联盟才能获得巩固"①。同时,党的八大党章还提出要建立"全民所有制",通过人民群众自己解放自己来进一步实现人民的富裕生活。党的八大党章指出:"党对于人民群众的领导作用,就是正确地给人民群众指出斗争的方向,帮助人民群众自己动手,争取和创造自己的幸福生活。"②很显然,中国共产党的一系列举措都是从制度的公平性层面来创造人民发展的条件,从而服务于社会主义现代化事业的总体目标。

2. 紧紧抓住生产力这个贫困治理的根本手段

党的十一届三中全会以后,中国的改革开放迈开大步。邓小平作出指示:"为了有效地实现四个现代化,必须认真解决各种经济体制问题。"③对农民包产到户和包干到户生产责任制的尊重被以家庭联产承包责任制的形式确定和推行开来,解决了农民的温饱问题;扩大企业自主权的改革激发了企业的活力,商业流通体制的改革也激发了城乡的流通活力;等等。党所领导的一系列经济社会体制改革充分激发了"人"这个独特要素的活力,释放了社会主义制度的能量。

面对活力十足的经济社会发展状况,邓小平创造性地提出了"让一部分人、一部分地区先富起来,先富带动后富,逐步实现共同富裕"的理论,进而将共同富裕提升到了社会主义本质的高度。由此,中国共产党工作的重点是,"应当大力发展社会生产力,并且按照生产力的实际水平和发展要求,逐步完善社会主义的生产关系"④。这里的"大力发展社会生产力,逐步完善生产关系"从根本上说就是为了摆脱贫困,实现共同富裕的目标。此后,党中央、国务院采取了一系列重大扶贫行动,制定了一系列扶持贫困地区经济发展和扶贫开发的

① 《毛泽东文集》第 6 卷,北京:人民出版社,1999 年,第 437 页。
② 《邓小平文选》第 1 卷,北京:人民出版社,1994 年,第 217 页。
③ 《邓小平文选》第 2 卷,北京:人民出版社,1994 年,第 161 页。
④ 《中国共产党历次党章汇编(1921—2012)》,北京:中国方正出版社,2012 年,第 295 页。

重大政策,如 1984 年中共中央、国务院发出的《关于帮助贫困地区尽快改变面貌的通知》,就第一次系统完整地提出了我国扶贫开发的工作思路和政策措施。

　　党的十四大报告中提出了既鼓励先进,又防止两极分化,逐步实现共同富裕的发展思路。在党的十五大上,中央明确了“三步走”发展战略,将小康社会建设目标推向了新的阶段。在 1999 年召开的全国扶贫开发工作会议上,江泽民同志对新时期的扶贫策略、扶贫主体、扶贫模式的问题进行了部署,强调“下个世纪继续开展扶贫开发,要首先解决剩余贫困人口的温饱问题,巩固扶贫成果,使已经解决温饱的人口向小康迈进,同时在稳定解决温饱的基础上,全面推进贫困地区经济社会发展”①。党的十五届五中全会又提出:“从新世纪开始,我国将进入全面建设小康社会,加快推进社会主义现代化的新的发展阶段。”②但此时的小康,仍是不全面、低水平、不平衡的小康。国务院专门制定的《国家八七扶贫攻坚计划》,明确要在 20 世纪末期基本解决农村的贫困人口温饱问题。

　　2002 年,党的十六大把全面建设小康社会作为党的奋斗目标。这一时期的社会发展目标已经从解决温饱问题转向全国建设小康社会的发展目标。2007 年,胡锦涛同志在党的十七大报告中提出,“要始终把实现好、维护好、发展好最广大人民的根本利益作为党和国家一切工作的出发点和落脚点……走共同富裕道路,促进人的全面发展,做到发展为了人民、发展依靠人民、发展成果由人民共享”③,并提出了全面建设小康社会的新要求,为反贫困事业提供了新的动力和目标。党的十七大报告在主题中就要求“为夺取全面建设小康社会

---

① 《江泽民论有中国特色社会主义》(专题摘编),北京:中央文献出版社,2002 年,第 138—139 页。

② 《改革开放三十年重要文献选编》(下),北京:人民出版社,2008 年,第 1109 页。

③ 《中国共产党第十七次全国代表大会文件汇编》,北京:人民出版社,2007 年,第 15 页。

新胜利而奋斗",强调"全面建设小康社会是党和国家到 2020 年的奋斗目标,是全国各族人民的根本利益所在"①,要求全党抓好机遇,锐意进取,继续全面建设小康社会。自此,党的扶贫开发战略的重点也从解决温饱为主要任务的阶段转入巩固温饱成果、提高发展能力、加快脱贫致富、缩小发展差距的新阶段。

3. 在对现实的具体的人的关注中实现全面小康

进入新时代,我国社会主要矛盾转变为人民日益增长的美好生活需要和不平衡不充分的发展之间的矛盾,这是新时代消除贫困、打赢脱贫攻坚战的基本出发点。面对这一矛盾,在党的十八届一中全会结束后的中外记者见面会上,习近平总书记强调,党的责任就是不断解放和发展社会生产力,坚定不移走共同富裕的道路。在党的十九大报告中,习近平总书记进一步指出:"我们要在继续推动发展的基础上,着力解决好发展不平衡不充分问题,大力提升发展质量和效益,更好满足人民在经济、政治、文化、社会、生态等方面日益增长的需要,更好推动人的全面发展、社会全面进步。"②在这里,事实上强调了要在社会生产能力发展的基础上,着力实现全面发展。

为了进一步破除人的全面发展的障碍因素,习近平总书记从全面建成小康社会、实现中华民族伟大复兴的战略高度,提出"以脱贫攻坚统揽经济社会发展格局"③,并立下了"到 2020 年我国现行标准下农村贫困人口实现脱贫,贫困县全部摘帽,解决区域性整体贫困"④的庄严承诺。这一系列决定和承诺不仅仅是针对现实问题的治理,更是党的初心和使命的时代展现。习近平总书记指出:"到我们党成立一百年时,到新中国成立七十年时,如果还没有解决贫困人口

---

① 《改革开放三十年重要文献选编》(下),北京:人民出版社,2008 年,第 1712 页。

② 《习近平谈治国理政》第 3 卷,北京:外文出版社,2020 年,第 9 页。

③ 《十八大以来重要文献选编》(下),北京:中央文献出版社,2018 年,第 46 页。

④ 《十八大以来重要文献选编》(下),北京:中央文献出版社,2018 年,第 29 页。

脱贫问题,那党的宗旨怎么体现、我们的承诺怎么兑现呢?"①也就是说,决战决胜脱贫攻坚既是马克思主义"人的自由全面发展"理论在新时代的实践之一,也是我们党的初心在新时代的具体展现内容之一。

"全面建成小康社会"目标,是"以人民为中心"立场的充分表现,集中体现了中国共产党人对具体的、现实的人的关注。"全面建成小康社会"目标的落脚点在"小康"。"小康"的底线目标是"到2020年实现'两不愁、三保障'"②。"全面建成小康社会"目标的核心在"全面",实现"全面"的关键在于补短板,"一个都不能掉队"。经过改革开放后对人的重视,破除束缚发挥人的主观能动性的一系列制度性障碍,一部分人先富起来了,但有一部分人还没有脱贫。所以,要达到"全面"的目标,就要明确区分人民的分群分层差异,找到最薄弱人群、最突出短板。习近平总书记指出:"最艰巨最繁重的任务在农村、特别是在贫困地区。没有农村的小康,特别是没有贫困地区的小康,就没有全面建成小康社会。"③"全面建成小康社会"目标的关键在于"建成","建成"是指在结果上。这需要以农户的持续脱贫、区域内的整体性脱贫为导向,彻底而不是阶段性地消灭贫困。

与改革开放以来的一系列改革举措致力于充分发挥人民的创造性、积极性不同,脱贫攻坚的难点和短板在于农村贫困人口、民族地区,尤其是贫困程度最深的深度贫困地区。然而,"每个贫困户的致贫原因、发展能力、发展需求是不同的。所谓贫有百样、困有千种"。为了确保"一个都不能少",实现"扶真贫、真扶贫",习近平总书记于2013年在湖南湘西考察时提出要"实事求是、因地制宜、精准扶贫"

---

① 《习近平扶贫论述摘编》,北京:中央文献出版社,2018年,第20页。
② 《十八大以来重要文献选编》(下),北京:中央文献出版社,2018年,第33页。
③ 《习近平谈治国理政》第1卷,北京:外文出版社,2018年,第189页。

的理念。"精准扶贫、精准脱贫"理念迅速成为党实现全面建成小康社会的重要战略安排。

三、扶贫脱贫成败的关键在于精准

在马克思的理念中,"人"不是抽象的固有物。因此,"两为"也不可能是抽象的空洞教条,而是具体的、现实的,它通过实践性体现出来,并在满足人民多层次需要中一步步彰显。精准脱贫方略的提出,正是源于中国共产党人对具体的、现实的人的关注。习近平总书记明确指出:"扶贫开发推进到今天这样的程度,贵在精准,重在精准,成败之举在于精准。"[①]在扶贫工作中强调"精准"二字,实际上是把"人民"细化为每一个具体的、现实的人,并在每一个具体的、现实的人的脱贫中践行初心使命。围绕"精准"二字,也形成了中国在反贫困事业上的政治优势。

　　1. 精细构建帮扶力量

习近平总书记明确指出,"全面建成小康社会,是我们对全国人民的庄严承诺,必须实现"[②]。这既显示出我们党实现全面建成小康社会的坚定决心、信心,更显现出我们党的政治优势。那就是中国共产党有能力集中优势资源,精细构建帮扶力量,使扶贫行动真正惠及贫困群众。

一是全党动员,坚持党在脱贫攻坚战中的领导地位。党自身拥有超强的领导能力,能够调动各种力量和优势资源投入脱贫攻坚,面对脱贫攻坚中的难题也能协调各方顺利解决。将扶助困难群众摆脱贫困落后的局面当作重大政治任务,精准脱贫战略在统一全党认识

---

① 《习近平扶贫论述摘编》,北京:中央文献出版社,2018年,第58页。
② 《十八大以来重要文献选编》(下),北京:中央文献出版社,2018年,第29—30页。

方面具有先天优势。二是高效组织,确保脱贫攻坚责任落实到人。在坚持党的集中统一领导之下,确立了"坚持中央统筹、省负总责、市县抓落实的管理体制,坚持党政一把手负总责的工作责任制,真正落到实处"①。尤其是基层党组织作为改变贫困地区落后面貌、真正使农民走上致富道路的关键,"抓好党建促脱贫攻坚"成为新时代脱贫攻坚中的重要经验。三是多方协同,凝聚脱贫攻坚的强大合力。不断完善专项扶贫、行业扶贫、社会扶贫等多方力量、多种举措有机结合和互为支撑的扶贫格局。从总体上看,"党的坚强领导,充分发挥社会主义制度优势,形成的政府主导、对口帮扶的脱贫机制为世界扶贫减贫事业提供了成功的中国扶贫模式"②。这种模式对扶贫减贫工作的作用是显著的。

2. 精准确定帮扶举措

实现精准的关键在于帮扶举措精准,"就是要对扶贫对象实行精细化管理,对扶贫资源实行精确化配置,对扶贫对象实行精准化扶持"③,这种精准化的脱贫方式为结合当地资源禀赋结构,发挥地方资源禀赋优势,把资源优势变成经济社会发展优势提供了方法论。

一是以户为单位,着力解决好精准识别问题。精准脱贫的要点是要掌握"扶持谁"的问题,这也是"精准脱贫"的第一要义,"关键的关键是要把扶贫对象摸清楚,把家底盘清"④。二是坚持靶向治理,着力解决好精准帮扶问题。为此,习近平总书记提出了"六个精准""五个一批"的脱贫方略,使精准脱贫的路线图更为清晰、明确,"该精准到户的一定要精准到户,该精准到群体的一定要精准到群体,防止出

① 《习近平谈治国理政》第 2 卷,北京:外文出版社,2017 年,第 87 页。
② 岳奎:《习近平关于扶贫重要论述的重大意义》,《学海》2020 年第 4 期。
③ 《习近平扶贫论述摘编》,北京:中央文献出版社,2018 年,第 58 页。
④ 《习近平扶贫论述摘编》,北京:中央文献出版社,2018 年,第 59 页。

现新的矛盾和不稳定因素"①。三是强化结果导向,着力解决好精准退出问题。"坚持成熟一个摘一个,既防止不思进取、等靠要,又防止揠苗助长、图虚名。"②习近平总书记指出:"贫困县摘帽要和全面建成小康社会进程对表,早建机制、早作规划,每年退出多少要心中有数。"③坚持严格考核,让脱贫攻坚绩效得到人民认可、经得起历史检验。

3. 精心培育脱贫主体

中国共产党人始终认为,群众拥有无穷的创造力,能够自己解放自己。精准扶贫战略的落脚点,在于激发困难群众脱贫的能动性,实现长效脱贫,最终彻底消除贫困。因此,在为贫困地区输入资源的同时应注重激发群众的主体性,让困难群众在接受外来帮助的同时拥有自助的能力。只有精心培育脱贫主体,才能避免陷入"脱贫又返贫"的困境,最终实现全面消除贫困的目标。

一是帮助困难群众改变观念,实现主体"我要脱贫"。一些地区的粗放式扶贫甚至滋生了部分群众不劳而获的思想,导致扶贫资源投入越多,群众脱贫越难。习近平总书记指出:"脱贫致富贵在立志,只要有志气、有信心,就没有迈不过去的坎。"④所以,各扶贫主体注重对困难群众思想观念进行改造,加强对精神扶贫的重视。二是帮助贫困群众提升能力,实现主体"我能脱贫"。拥有致富观念的同时,致富能力的培育是真正激发内生发展动力的关键。这就需要充分重视教育扶贫的作用,一方面是要解决家庭经济困难学生的就学问题,另一方面是对贫困户开展技术培训以提升就业能力。实践也证明,在贫困地区如果贫困户重视技能培训和加强互助合作,就能够有效解

---

① 《十八大以来重要文献选编》(下),北京:中央文献出版社,2018年,第39页。
② 《习近平扶贫论述摘编》,北京:中央文献出版社,2018年,第72页。
③ 《十八大以来重要文献选编》(下),北京:中央文献出版社,2018年,第44页。
④ 《习近平论扶贫工作——十八大以来重要论述摘编》,《党建》2015年第12期。

决困难户生产积累不足的问题。

　　总之，中国共产党人经过百年奋斗历程，不仅建立了优越的社会主义制度，而且大力推动了社会生产力的发展，这些举措为实现人的全面发展提供了基础性条件。中国特色社会主义进入新时代，以习近平同志为核心的党中央坚持"以人民为中心"的发展思想，创造性地提出了"精准扶贫""精准脱贫"理念，并将其作为推动人的全面发展、实现全面小康的重要指导方略，这是对"两为"初心与使命的历史继承和时代书写。消除贫困作为人类社会的共同梦想在中国共产党人的百年奋斗之下成为现实，但这仍只是中国共产党人的阶段性目标。正如习近平总书记所指出的："脱贫摘帽不是终点，而是新生活、新奋斗的起点。"①一个个具体的现实的人摆脱贫困状态，消除物的奴役，实现个体解放，就为建立符合人的自由而全面发展的真正共同体提供了基石。在此基础上，中国共产党人的初心和使命又将与新的时代命题再次碰撞结合，书写新的时代篇章并走向更加美好的未来。

　　（原载于《马克思主义研究》2020 年第 11 期）

---

① 习近平：《在决战决胜脱贫攻坚座谈会上的讲话》，《人民日报》2020 年 3 月 7 日。

务农重本，国之大纲

中国式现代化，离不开农业农村现代化。以习近平同志为核心的党中央，作出乡村振兴重要战略决策，各地按照产业兴旺、生态宜居、乡风文明、治理有效、生活富裕的总要求，扎实推进乡村振兴战略，一幅农业强、农村美、农民富的新时代乡村振兴新画卷在华夏大地上展开。

守底线，振产业。在党中央的坚强领导下，全国坚决守住不发生规模性返贫的底线，同时发力产业振兴，成效显著。随着一系列政策措施不断落地，我国乡村产业发展取得积极成效。现代农业变优变强，特色富民产业不断发展，农村新产业新业态层出不穷，涉农功能性平台逐渐完善。乡村产业发展的系列关键薄弱环节得到弥补，新型农业经营主体发展壮大，农村服务业呈现井喷态势，农业生产规模化、集约化、信息化水平持续提高，现代农业标准体系建设持续完善，农产品品牌建设体系持续健全。立足现代农业发展实际，顺应产业发展规律，以农业农村特色优势资源为主体，以科技创新为支撑，有效发挥市场和政府作用，大力推进乡村产业发展，为巩固提升脱贫成果、实现乡村振兴良好开局打下坚实基础。

增颜值，提气质。近年来，生态文明建设目标评价考核和责任追究制度、生态补偿制度、河湖长制、林长制、环境保护"党政同责"和

"一岗双责"等制度陆续实施。人居环境不断改善，乡村道路建设、文化广场建设、房屋改造、厕所革命等项目得以实施，水环境整治、园林绿化打造取得进展，村庄服务功能不断完善。绿色发展成效不断显现：绿色能源、绿色建造、绿色食品等产业集群不断崛起；生态环境显著改善，天蓝山青水绿；生态系统持续修复，森林覆盖率、湿地保护率不断提高，珍稀濒危野生动植物野外种群数量稳中有升，生态安全屏障越来越稳固。依托新时代文明实践中心，扎实推进移风易俗、培育文明乡风，充分发挥基层党组织的战斗堡垒作用，既增颜值又添气质，美丽乡村美丽的"成色"得到全面提升。

强治理，共发展。农村治理体系和治理能力现代化水平不断提高，更多资源、服务、管理下沉到农村，决策共谋、发展共建、建设共管、效果共评、成果共享的社会治理新格局逐步形成。基本公共服务均等化加快推进，一大批普惠性、基础性、兜底性民生建设见到实效。农民收入不断提高，2021年农村居民人均可支配收入18931元，较2012年翻了一番多，农民生产生活水平上了一个大台阶。人民群众的获得感、幸福感和安全感不断提升，认同感不断增强。

"务农重本，国之大纲。"乡村振兴是农村发展的目标所向，是扎实推动全体人民共同富裕的必然选择。我们要在党的二十大精神指引下，以更有力的举措汇聚更强大的力量，在全面推进乡村振兴、走向共同富裕的新征程中，不断取得新的更大成就。

（原载于《光明日报》，2022年10月23日）

坚持以发展的眼光把握全面建成 小康社会的目标任务

　　2020年6月1日出版的第11期《求是》杂志发表了中共中央总书记、国家主席、中央军委主席习近平同志的重要文章《关于全面建成小康社会补短板问题》。文章指出，目前，全面建成小康社会也有一些短板，必须加快补上，并强调要把握好整体目标和个体目标的关系。全面建成小康社会，整体目标与个体目标是有机的统一。个体目标的实现是整体目标的前提，整体目标的实现需要个体目标的完成。当前，如何把握全面建成小康社会的目标关系，除了一般的辩证逻辑思维，最根本的方法还是要回到发展这一本质问题上来。全面建成小康社会的整体目标和个体目标都是生成于中国社会发展的进程中。引导社会民众实事求是地把握全面建成小康社会的目标关系，要坚持发展的眼光，从发展的现实性、发展的差异性、发展的历史性三个维度入手。

　　认识实际，明确发展的现实性。全面建成小康社会的整体目标和个体目标的实现速度由现实发展基础决定，具有客观现实性。习近平总书记在党的十九大报告中明确指出："中国特色社会主义进入新时代，我国社会主要矛盾已经转化为人民日益增长的美好生活需要和不平衡不充分的发展之间的矛盾。"因此，正确把握全面建成小康社会的目标关系,需要正确认识我国实际,直面发展中存在的问题,正视城乡之间、东部与中西部之间的发展差距。要立足实际,从南北发展、东西发展、城乡发展、群体发展存在现实差距这个实际出发,在坚持实现全面建成小康社会绝对标准的前提下,客观认识不同区域和群体历史基础、资源禀赋、个人能力的差异性,进而明确整体目标与个体目标实现的现实节奏性。要充分了解当地全面建成小康社会建设标准,尤其是经济指标、政治指标、文化指标、社会指标、生态指标,做到心中有数、知己知彼、查缺补漏。只有明确发展的现实性,才能真正意义上为全面建成小康社会目标实现与评估工作提供现实依据。

立足实际,注重发展的差异性。全面建成小康社会的整体目标是发展的共性问题,个体目标是发展的个性问题。统筹发展的共性问题和个性问题,需要通过实际的工作来实现,既要保持当前全面建成小康社会良好态势的稳步推进,更要在实际工作中注重发展的差异性。第一,要继续高度重视调查研究,勤于深入实际,既考察全面建成小康社会的整体目标实现情况,也注重区分不同区域、不同行业、不同人群发展诉求实现的差异性。第二,要继续强化责任意识,坚定不移地落实精准扶贫政策,决不能忽视落后地区、弱势群体,确保全面建成小康社会一个都不能少;要坚决杜绝"不作为""假作为"现象,不搞福利式的扶贫,不对扶贫资金、物质进行简单的平均分配,努力实现真正的精准扶贫。第三,要继续协调区域发展,从宏观层面上把握全面建成小康社会整体目标的推进,同时继续促进革命老区、民族地区、边疆地区、贫困地区的全面小康区域目标的落地。只有注重发展的差异性,才能进一步增强全面小康社会建设过程中目标实现的针对性。

结合实际,考察发展的历史性。全面建成小康社会整体目标和个体目标的实现程度,既需要实践建设成就来证明,也需要人民群众自身的感受来认同,既需要用发展的数字来展现,又需要通过人民群众的幸福指数来衡量。如果没有正确的评价思维和方法,可能出现以全国小康建设的整体性进步代替个体发展的差异性不足和以个体发展的差异性不足否定全国小康建设的整体性进步的情况。由于区域、城乡、群体发展的差异性,检验小康目标的完成情况必须结合当地发展的实际,注重考察社会发展的历史性。一方面,要继续查缺补漏,及时发现全面建成小康社会工作的短板,实现绝对标准,消除绝对贫困。另一方面,在全面建成小康社会的收官阶段,要加强宣传,全面展示全面建设小康社会的历史性过程和已经取得的成就,在对比分析中看到整体目标和个体目标的落实情况。同时,要客观理性认识相对贫困人群长期存在的现实性,要继续做好各项工作,埋头苦干、真抓实干、久久为功,为实现中华民族伟大复兴中国梦的目标不懈努力。

"为山九仞,功亏一篑",离目标越近,前进阻力就越大,道路也越艰辛,越要补齐短板。坚持以发展的眼光把握全面建成小康社会的目标关系,为全面建成小康社会收官之战补齐知识短板、思维短板、工作短板、发展短板。

(原载于人民网·理论频道,2020 年 07 月 07 日;本文与杨小东合作,在此致谢)

打赢脱贫攻坚战要精准发力

　　打赢脱贫攻坚战,对全面建成小康社会、实现"两个一百年"奋斗目标,具有十分重要的意义。党的十八大以来,以习近平同志为核心的党中央围绕脱贫攻坚作出一系列重大部署和安排,全面打响脱贫攻坚战,脱贫攻坚取得决定性进展。当前和今后一个时期,我们要按照中央的要求和部署,充分发挥政治优势和制度优势,动员全党全国全社会力量,坚持精准扶贫、精准脱贫,确保如期完成脱贫攻坚任务。

一、解决发展不平衡不充分问题的关键之举

　　消除贫困、改善民生、实现共同富裕,是社会主义的本质要求。打赢脱贫攻坚战,是全面建成小康社会的标志性指标,是解决发展不平衡不充分问题的关键之举。

　　新中国成立后,中国共产党带领人民持续向贫困宣战,特别是改革开放以来,我国实施大规模扶贫开发,使7亿多农村人口摆脱贫困,取得了举世瞩目的伟大成就,为全面建成小康社会打下了坚实基础。党的十八大以来,以习近平同志为核心的党中央高度重视扶贫开发工作,把扶贫开发摆到治国理政的重要位置,大力实施精准扶贫、精准脱贫,不断丰富和拓展中国特色扶贫开发道路。过去几年,

我们采取超常规举措,以前所未有的力度推进脱贫攻坚,农村贫困人口显著减少,贫困发生率持续下降,解决区域性整体贫困迈出坚实步伐,贫困地区农民生产生活条件显著改善,贫困群众获得感显著增强,脱贫攻坚取得决定性进展,创造了我国减贫史上的最好成绩。

小康不小康,关键看老乡。习近平总书记强调,2020年,我们将全面建成小康社会。全面建成小康社会,一个不能少;共同富裕路上,一个不能掉队。我们将举全党全国之力,坚决完成脱贫攻坚任务,确保兑现我们的承诺。党的十九大明确把精准脱贫作为决胜全面建成小康社会必须打好的三大攻坚战之一,作出了新的部署。《中共中央国务院关于打赢脱贫攻坚战三年行动的指导意见》针对扶贫工作实践中存在的突出问题,就完善顶层设计、强化政策措施、加强统筹协调等,制定了更加有力的举措,进一步明确了今后三年我国脱贫攻坚工作的时间表和路线图,为推动脱贫攻坚工作更有效开展、坚决打赢脱贫攻坚战提供了基本遵循。眼下,我们脱贫攻坚任务依然艰巨繁重,攻克深度贫困堡垒难度较大,我们要清醒认识打赢脱贫攻坚战面临的困难和挑战,切实增强责任感和紧迫感,集中力量攻克贫困的难中之难、坚中之坚,坚决打赢脱贫攻坚战。

二、要在精准脱贫上下真功夫

脱贫攻坚是一场硬仗,越往后难度越大,需要解决的难题越多。当前,脱贫攻坚已进入攻坚拔寨、啃硬骨头的关键阶段。行百里者半九十。要实现"一个不能少,一个不能掉队"的目标,我们必须清醒认识脱贫攻坚面临的困难和挑战,坚定信心,坚持问题导向,找准重点、难点,沉下身子,切实增强脱贫攻坚措施的针对性、有效性。

扶贫开发贵在精准,重在精准,成败之举在于精准。强调精准扶贫、精准脱贫,既有利于从顶层上规划和实施国家的扶贫战略,更加精准识别贫困人口、精确把握致贫原因、精准制定扶贫方案,科学实施精准帮扶,还有利于补齐经济社会发展的短板,激发贫困地区的后发优势,推进经济社会发展;既有利于夯实国家治理体系现代化的根基,解决好"最后一公里"的问题,还有利于提高治理效能,维护社会和谐稳定。

当前,脱贫攻坚进入系统发力、重点突破、集中攻坚的关键阶段。我们要找准"穷根"、明确靶向、量身定做、对症下药,进一步推进精准扶贫、精准脱贫各项政策措施落地生根。在这一过程中,既要强化到村到户到人的精准帮扶举措,做好产业扶贫、就业扶贫、易地扶贫搬迁、生态扶贫、教育脱贫、健康扶贫和农村危房改造、综合保障性扶贫等重点工作,还要加大东西部扶贫协作力度,深入开展定点扶贫工作,广泛动员民营企业、社会组织、公民个人参与社会扶贫,因地制宜探索多渠道、多样化的精准扶贫、精准脱贫路径。

需要注意的是,深度贫困地区是脱贫攻坚的"坚中之坚",是最难啃的骨头。深度贫困地区致贫原因复杂,多种因素并存,贫困程度很深。如果只靠政策"输血",精准扶贫、精准脱贫的任务很难完成,即便靠政策脱了贫,返贫的概率也较大。所以,打赢脱贫攻坚战,零打碎敲、单兵突进都不行,需要在精准扶贫、精准脱贫上下真功夫、硬功夫、实功夫,集中优势力量,采取系统性思维,着力改善深度贫困地区发展条件,精准化解特殊贫困群体难题。精准扶贫、精准脱贫不能搞"一刀切""一招鲜",要大力培育脱贫产业并实现可持续发展。从全国范围扶贫实践看,效果好的扶贫措施和扶贫手段很多,比如,有输出生态产品发展的"绿色扶贫",有依托革命老区旅游资源开发的"红色扶贫",有利用光伏、互联网+等科技成果引领的"蓝色扶贫"……这都需要我们发挥优势、因地制宜、勇于探索、创新模式,集中力量支持深度贫困地区脱贫攻坚。

扶贫开发是全党全社会的共同责任。推进精准扶贫、精准脱贫,需要动员和凝聚全社会力量广泛参与。要充分发挥政府和社会两方面力量作用，强化政府责任，引导市场、社会协同发力，构建专项扶贫、行业扶贫、社会扶贫互为补充的大扶贫格局，多措并举、多管齐下，凝聚方方面面力量，形成精准扶贫、精准脱贫的强大合力。

三、构建可持续的稳定脱贫机制

完成中央关于脱贫攻坚的决策部署，实现高标准、高质量稳定脱贫，保证脱贫效果看得见、摸得着、可持续，使命光荣，任务艰巨。当前和今后一个时期，我们要注重扶贫同扶志、扶智相结合，持续激发贫困群众内生动力，进一步强化脱贫攻坚责任制，构建可持续的稳定脱贫机制，切实打赢脱贫攻坚战。

首先，要转变扶贫观念，注重扶贫同扶志、扶智相结合，持续激发贫困群众内生动力。志和智就是内力、内因。没有内在动力，仅靠外部帮扶，帮扶再多，也不能从根本上解决问题。"只要有信心，黄土变成金。"脱贫致富终究要靠贫困群众用自己的辛勤劳动来实现。要认识到，贫困群众既是需要帮扶的对象，也是脱贫致富的主体。构建稳定、可持续脱贫机制，要激发贫困群众积极性、主动性、创造性，克服"等靠要"的思想，激发内生动力，从"要我脱贫"转向"我要脱贫"，激励和引导贫困群众靠奋斗改变命运。要动员社会各界广泛参与，充分听取大众意见，汲取大众智慧，创新稳定脱贫机制。要强化贫困地区办学条件和资助力度，聚合教育资源和人才资源，加强职业技能培训。要改进帮扶方式，强化到村到户到人精准帮扶举措。要加强宣传教育，提倡多劳多得，营造勤劳致富、光荣脱贫氛围。要健全完善社会风险防控救助体系，统筹各类保障措施，加大临时救助力度，防止因病致贫、因灾致贫等现象的发生。

其次，要进一步强化脱贫攻坚责任制。要建立脱贫攻坚责任制，落实各级各部门脱贫攻坚责任,把中央统筹、省负总责、市(地)县抓落实的管理体制,片为重点、工作到村、扶贫到户的工作机制,党政一把手负总责的扶贫开发工作责任制,真正落到实处。既要实施最严格的评估考核,发挥考核评估的指挥棒作用,提高考核评估的针对性和指导性,倒逼各地落实脱贫攻坚工作责任,还要进一步加强脱贫攻坚督查巡查,推动政策举措落地。特别要进一步强化扶贫资金项目监管,推进财政涉农资金在扶贫领域统筹整合使用,提高资金整合效率和使用效益,真正让脱贫攻坚责任落到实处。

此外,还要做好实施乡村振兴战略和打赢脱贫攻坚战的有机衔接。乡村振兴,摆脱贫困是前提。要把实施乡村振兴战略和脱贫攻坚有机结合起来,协调推进,通过集中统筹公共资源和广泛动员社会资源力量参与,注重扶贫与发展联动,做到长短结合、切实可行,努力使二者相互促进、长效发展,从而更好完成脱贫攻坚任务,实现乡村全面振兴。

(原载于《经济日报》,2019 年 01 月 30 日)

克服疫情影响坚决打赢脱贫攻坚战

习近平总书记在陕西考察时强调，努力克服新冠疫情带来的不利影响，确保完成决战决胜脱贫攻坚目标任务。2020年是全面建成小康社会和"十三五"规划收官之年，也是脱贫攻坚决战决胜之年。难走的路是爬坡路，脱贫攻坚越往后越难，再加上遭遇疫情，脱贫工作任务更重、难度也更大。尽管不同程度受到疫情的影响，但各地党委和政府充分发挥了各方力量，千方百计把影响降到最低。只要坚定不移地把党中央决策部署落实好，我们定能如期完成脱贫攻坚目标任务。

当前，要完成脱贫攻坚任务、保障脱贫攻坚战成效，关键是做强产业、做实就业，严防返贫，搞好分类治理，精准打好脱贫的"组合拳"。

强产业。产业发展是脱贫攻坚根本之策，是高质量如期打赢脱贫攻坚战的重要支撑。克服疫情影响，要在创新扶贫模式的基础上，发展壮大特色产业，大力实施提升产业、服务产业、培育主体等措施，保障扶贫产业持续健康发展，以此带动更多贫困群众实现脱贫增收目标，为打赢脱贫攻坚战奠定坚实的产业基础。推动产业提升，充分利用网络互联网技术，围绕当地有发展潜力的主导产业、特色品牌产业等，打造数字产业融合发展扶贫产业园，通过网上订单生产、网上合作协议、产供销网上对接等方式，强化一二三产业的有机融合，形成完整产业链。运用物联网技术，积极推动与批发市场、电商企业、大型超市等市场主体建立产销关系，把各类企业的服务网点延伸到贫困村，积极推动网购等以购代捐的扶贫模式，进一步做好贫困村农产品定向直供直销社区、学校和大型市场活动。确保产业稳定，按照贫困户自愿与政府主导相结合，特色与长远相结合等原则，优化贫困户的主导产业，因地制宜发展适合贫困户的优势特色产业。积极利用互联网技术，结合贫困地区生态优势、产品优势，用好激活农村土地资源，积极培育发展电商等各类业态，提升产业发展实效。提升服务水准，提升产品服务水平，充分利用抖音等平台，政府搭台、产品唱戏，由政府负责人出面推销农产品，效果明显；提升科技服务水平，组建产业扶贫专家服务联盟，通过网络数据库建立更精准的贫困户产业发展"一对一"保姆式专业技术人才帮扶机制，确保每个贫困户都有技术人员能够进行全过程技术跟踪指导服务。

稳就业。受疫情影响，贫困人口的就业问题出现一定困难。促进贫困人口就业增收，是打赢脱贫攻坚战的重要内容，增加就业是最有效最直接的脱贫方式。进一步优化就业扶贫政策，千方百计贯彻落实企业吸纳就业、技能扶贫培训、创业扶持、异地转移就业、公益性岗位安置等就业扶贫措施，推动就业扶贫成果长效化。进一步加大财政投入，强化就业扶贫资金保障，提高资金使用效益，确保就业扶贫政策落地落实。进一步提高就业帮扶力度，做实做细贫困劳动力数据库信息，并与人社部门农村贫困劳动力转移就业信息平台做好对接，积极开展精准就业服务；持续开发农村公益性岗位，做好增收困难且无法外出务工贫困劳动力的托底安置工作；健全公益性岗位管理制度，完善退出机制，充分发挥公益性岗位兜底作用；积极促进转移就业，积极推动"点对点"对接的方式，积极开展跨地区劳务协作；鼓励和引导企业、农业生产经营主体吸纳贫困劳动力就近就地就业；加大扶贫车间建设扶持力度，鼓励和引导园区企业、新型农业经营主体及引进企业进乡入村，吸纳贫困劳动力在"家门口"就业。

防返贫。做好政策兜底，建立监测和帮扶机制，防止因疫因病等意外性因素返贫致贫。健全"底线"制度安排，进一步健全农村社会保障制度，为意外性返贫农户提供底线的生产生活保障。对于大病返贫农户，要在基本医疗保障的基础上强化大病救助，并辅之以残疾救助、特困救助等政策配套；对于收入水平落入到最低收入标准之下的农户，政府无条件地进行低保安排，同时辅之以致富的基础条件。强化"前沿"保障，完善县及县以下农户的疾病防范体系，建立健全农民家庭健康档案，减少因病返贫的几率；推进商业保险与普惠性社会保险的有机衔接、有序对接，通过规范商业保险在乡村社会的操作规程引领农民自愿参加。看好"边缘户"，严把脱贫人口的脱贫关，评估好产业发展，确保选择的产业有特色、能参与、可持续；激活内生动力，明确区分帮扶干部、政策给予和农户自主在脱贫中的责任，加强对有劳动能力的农户内生动力考核力度，确保"扶上马"愿意动，"送一程"自主动。严把脱贫人口的返贫关，构建党员与高风险返贫户、一般性脱贫户、特殊性（因大病、大灾等）返贫户和低收入边缘户的定期走访联系机制，强化村级集体经济与不同类别农户的分层利益联结机制，实行分类的动态性检测和预警，确保既按需设策，又不至于因政策性悬崖引发新的社会不公平。用好政策示范，在"引"上下功夫，通过典型示范进行分层推进，充分发挥党员干部、乡村能人的带头作用；通过综合治理，破除攀比习性。在"情"上做功课，在典型示范和组织动员中积极抓取群众的情感导向，充分结合传统的优秀价值伦理和社会主义核心价值观中的内容编织情感网络连接点，实现以情动人、以文化人，实现经济脱贫、思想脱贫和文化脱贫。

（原载于人民网·理论频道，2020 年 04 月 29 日）

坚持"三个结合"进一步激发贫困群众内生发展动力

习近平总书记强调,摆脱贫困首要并不仅是摆脱物质的贫困,还要摆脱意识和思路的贫困。要注重扶贫同扶志、扶智相结合,把贫困群众积极性和主动性充分调动起来。精准脱贫在于激发贫困群众内生动力。因为,在精准脱贫工作中,扶贫政策、经济物质是"外因",贫困人群的内生动力才是"内因"。只有坚持内因外因相结合才是解决脱贫的根本之道,其中,内生动力的激发是根本是关键。

一是坚持扶志与扶智相结合,变"要我脱贫"为"我要脱贫"。志不立,天下无可成之事。精准脱贫,贫困群众思想上的认识是关键,只有真正克服了"靠着墙根晒太阳,等着别人送小康"的"坐等靠要"思想,才能确保贫困群众脱贫不返贫。调查发现,要实现"要我脱贫"为"我要脱贫",要做到"三个到位":宣传要到位,即通过广播、网络、入户宣传等方式,大力宣传扶贫政策。同时,大力宣传先进脱贫典型,特别是身边脱贫户积极进取、不等不靠的脱贫事迹,促使贫困户树立正确脱贫观念,变"要我脱贫"为"我要脱贫"。学习要到位,思想上脱贫,励志教育是重点、技能培训是关键。贫困户要脱贫,思想上要进步,意志上要增强,态度上要转变,技能要"上身",通过励志教育和技能培训,把施策做实、做细,用技能脱贫,彻底拔掉"穷根"。措施要到位，通过完善村规民约等措施，倡导新风尚，传递正能量。

二是坚持传技与帮扶相结合，变"不会脱贫"为"帮引脱贫"。"授人以鱼不如授人以渔"，技能培训是提升贫困群众脱贫能力的重要举措，要按照"缺什么、补什么，需什么、教什么"的原则，在培训上更具针对性，通过提升贫困群众的文化素质和实用技能增强其自我发展能力。同时，要针对不同需求，开展分类培训，不能搞"一刀切"。比如：针对年龄大、身体较差、行动不便、通过市场难以实现就业的贫困劳动者，可进行农村保洁、保绿、护林、护路等辅助性就业岗位的培训；对有劳动能力的，可开展种植、销售服务等方面的培训等，力争通过培训让每一个贫困户有事可做、有业可守、有钱可挣。在政策支持上巩固提升，保持现有产业直补、主体奖补、农业保险等政策；实施差异化产业扶贫帮扶模式。在服务措施上巩固提升，建立贫困村产业技术指导员服务制度，开展新技术、新品种、新技能推广，加强产业技术培训指导力度，推进有产业技术需求贫困户产业精准培训。在培育经营主体上巩固提升，采取"企业＋贫困户""合作社＋贫困户""能人＋贫困户"的利益联结方式，为贫困户产业增收"扶上马、送一程"。在机制创新上巩固提升，建立产业扶贫调度督查、"回查、回访"制度，建立健全合理的利益分配机制，用机制约束推进产业扶贫成效巩固。在消费扶贫上巩固提升，做好产品与市场的对接工作，开设"贫困地区农产品扶贫消费专柜"提高营销能力；鼓励和引导社会力量，采取"以购代捐""以买代帮"等方式采购扶贫产品；利用好中国农民丰收节、国家扶贫日、农产品展览展销会等平台推销扶贫产品；深化电商平台建设，发挥互联网平台销售扶贫产品作用，促进扶贫产品线上线下销售等。

三是坚持奖补激励与典型示范相结合，变"被动脱贫"为"主动脱贫"。出台主体奖补政策，增强带贫能力，可对龙头企业贷款贴息、基础设施建设、示范合作社创建等建设进行奖补，以改善农业生产设施,增加带贫减贫能力。推行贫困户直补政策,提升发展动力,可对建档立卡贫困户出台产业直补政策,做到贫困户发展什么补什么。鼓励贫困户短中长产业发展相结合,为稳定脱贫打基础。强化金融扶持,拓展扶贫效力,对建档立卡贫困户自主发展产业,通过合作银行"小额贷款"给以资金支持,解决农业经营主体产业发展资金"瓶颈"。实施农业保险政策,降低风险压力,鼓励群众购买水稻、蚕桑、茶叶、畜禽等农作物的政策性保险,让农户吃下"定心丸"。加强可视效果引导,发挥典型作用,帮钱帮物,不如树标杆。积极开展产业扶贫典型宣传和感恩行动教育,通过媒体宣传脱贫光荣、表彰奖励、讲身边脱贫故事等方式,传递产业脱贫的正能量,激活群众通过自己双手、勤劳致富早脱贫。

(原载于人民网·理论频道,2020 年 05 月 13 日)

补齐补全脱贫攻坚"短板"

2020年6月1日出版的第11期《求是》杂志发表习近平总书记的重要文章《关于全面建成小康社会补短板问题》，文章强调，党的十八大以来，全面建成小康社会取得历史性成就，但目前也有一些短板，必须加快补上。要聚焦短板弱项，实施精准攻坚。深刻领会贯彻落实习近平总书记关于扶贫工作的重要论述，对彻底打赢脱贫攻坚战，全面建成小康社会具有重要的理论与现实意义。

习近平总书记在《求是》杂志发表重要文章《关于全面建成小康社会补短板问题》强调，党的十八大以来，党把人民对美好生活的向往作为奋斗目标，攻坚克难，砥砺前行，全面建成小康社会取得历史性成就。总体而言，我国已经基本实现全面建成小康社会目标。但当前全面建成小康社会也有一些短板，必须加快补上。要求在工作中把握好三个关系，其中"绝对标准和相对标准的关系"是重要关系之一。这一重要论断，有着极强的现实针对性，对当前深入实施精准脱贫战略，彻底打赢脱贫攻坚战，筑牢全面小康社会的坚实屏障具有重要意义。

树立底线思维，补足短板"不漏水"。绝对标准是全面建成小康社会的根本底线，是啃"硬骨头"，是"攻坚战"。在全面建成小康社会伟大实践中，为确保完成任务，在具体执行过程中有着具体时间节点和质量要求,确保脱贫攻坚任务在实施过程中不被"注水",防止"跑偏"。当前,正值全面建成小康社会决胜之际,是攻城拔寨时期,时间紧、任务重,需要查漏补缺,补足补强发展中的短板问题,加大力度,加快速度,加紧进度,补足短板"不漏水"。"难度越大,越要压实责任、精准施策、过细工作。"因此,必须拿出绣花功夫,行攻坚之力。聚焦"存在的突出短板和必须完成的硬任务",包括"从人群看,主要是老弱病残贫困人口""从区域看,主要是深度贫困地区""从领域看,主要是生态环境、公共服务、基础设施等方面短板明显"等。绝对标准是相对标准的前提和基础,要坚持底线思维,把好向,兜住底,全面落实,不折不扣,心无旁骛,苦干肯干,闯出"血路",彻底拔掉穷根,使群众真正脱贫。

树立全面思维,综合协调"不放水"。脱贫攻坚是一个系统工程,绝对标准是底线,不能含糊,必须保质保量完成,相对标准是绝对标准之上使之稳固发展、持续攀升的多元保障。我们的小康社会,是全面的小康。因此,彻底打赢脱贫攻坚战必须是全面彻底的攻坚战。"全面小康路上一个也不能少",既是我们党向全国人民作出的郑重承诺,也是全面打赢脱贫攻坚战的工作要求。因此,必须树立全面思维,补全脱贫攻坚中的短板,实现综合协调发展,不能用发展中的某个突出指标掩盖发展中的个别不足。不能仅满足于"两不愁三保障",要全面排查,正视短板和弱项,不能只重视物质脱贫不重视精神脱贫,只重视硬件投入不重视软件发展。小康社会是全面的,脱贫攻坚战是彻底的。必须树立全面思维,打通"最后一公里",补全"最后一短板",啃下最后"硬骨头",不逃避,"不放水",最终实现全面可持续发展,使群众全面脱贫。

树立发展思维,持续提升"有活水"。无论绝对标准还是相对标准,归根结底都是为了实现群众的发展。因此,彻底打赢脱贫攻坚战必须树立发展思维,"发展才是硬道理"。一方面,要彻底完成现行标准下贫困人口全部脱贫、贫困县全部摘帽的目标;另一方面,要不断提高人民群众的生活水平,满足人民群众物质文化生活需要。因此,根据不同地区、不同发展水平,因地制宜提高当地的可持续发展能力至关重要。只有树立发展思维,才能确保脱贫有"活水源头",脱贫不返贫。要使贫困地区持续提升"有活水",脱贫不返贫,核心在于有产业发展做支撑,以产业发展稳定就业,确保农民群众稳定增收。要因地制宜发展壮大特色产业,保障扶贫产业持续健康发展,以此带动更多贫困群众实现脱贫增收目标;进一步优化就业扶贫政策,强化就业培训、创业扶持、异地转移就业、公益性岗位安置等就业扶贫措施,推动就业扶贫成果长效化。以产业发展带动农民就业,以就业稳定农民收入,同时做好政策兜底工作,建立防止返贫的长效机制,做到群众彻底脱贫不返贫。

（原载于《中国社会科学报》,2020 年 7 月 29 日）

把握绝对标准与相对标准关系筑牢
全面小康社会坚实屏障

　　全面建成小康社会目标要求中，既有绝对标准，也有相对标准。习近平总书记在《求是》杂志发表重要文章《关于全面建成小康社会补短板问题》强调，"把握好绝对标准和相对标准的关系"。

　　绝对标准是全面建成小康社会的根本底线，相对标准是绝对标准之上使之稳固发展、持续攀升的努力方向。在决胜全面建成小康社会与决战脱贫攻坚的收官之年，精准理解绝对标准和相对标准关系有着极强的现实针对性。全面建成小康社会实践中，绝对标准往往蕴含有绝对的年限和质量要求，相对标准则显得更加灵活适应，但相对标准绝不能被"注水""跑偏"。绝对标准和相对标准的均衡关系一旦偏离，即会出现不分主次、不加区别、盲目发展、脱离实际等问题，严重影响全面建成小康社会目标质量。要把当前的短板补好，必须在把握绝对标准与相对标准关系时，明确其中原则遵循，下绣花功夫，行攻坚之力。因此，我们应以实事求是、稳中求进、科学发展等"三个原则"为基本遵循，精准把握绝对标准与相对标准关系，筑牢全面小康社会的坚实屏障。

　　要坚持实事求是原则，精准确立标准范畴。全面建成小康社会决胜之际，正是啃"硬骨头""攻城拔寨"时期，时间紧、任务重。全国上下必须横下一条心，加大力度，加快速度，加紧进度。难度越大，越要压实责任、精准施策、过细工作。在准确把握绝对标准和相对标准关系时，必须坚持实事求是原则，精准确立绝对标准与相对标准的范畴边界，指明工作重心与工作重点，细化基本遵循与工作要求。依照当前全面建成小康社会整体工作实际进展情况，尊重实践、尊重事实，不好高骛远，综合各省区市现实条件，进一步明确绝对指标与相对指标范畴，为补短板阶段提供明晰的攻坚依据。

无论绝对标准与相对标准，归根结底都是为了人民群众的实际利益着想。应当进一步丰富绝对标准与相对标准的评价内涵，为各指标落实进一步明确价值要求，关乎民生的绝对标准须严格按照既定目标保质保量完成，正如脱贫，必须在现行标准下实现贫困人口全部脱贫、贫困县全部摘帽。同时，相对标准的达成也应紧跟群众利益根本，在实现群众利益最大化基础上契合时代发展要求。坚持以党的方针政策为指引，突出标准的价值导向。全面建成小康社会各项衡量指标是全国统一的，而全国各地区综合情况是有差异的。不能把相关指标简单套用到各省区市，那样既不科学，也不现实。绝对标准蕴含固定的年限和质量要求，各省区市保质保量完成的效果差异性不明显，而在此基础上的相对标准的成效则会呈现出灵活多样性，其把控难度相对较大。具体工作中，应始终严格以党的方针政策为指引，因地制宜地突出标准的价值导向，做到不偏不倚、不走弯路。

要坚持稳中求进原则，精准推动标准落实。绝对标准与相对标准组成了全面建成小康社会的整体标准，绝对标准与相对标准相辅相成，有机统一。习近平总书记多次强调，坚持稳中求进工作总基调。"稳"与"进"的辩证统一关系正是绝对标准与相对标准辩证统一关系的对照。绝对标准即对照"稳"，相对标准即对照"进"。正确把握绝对标准和相对标准的关系，就是要于稳的大局下在关键领域有所为，勇于进取，稳扎稳打。坚持底线思维，把好向，兜住底。绝对标准是相对标准的前提和基础,相对标准更多体现在绝对标准实现之后,推动绝对标准不断升华进阶。应当坚持底线思维,全面落实绝对标准与相对标准的基础要求,这点是不可以打任何折扣的。对于全面建成小康社会的根本方向和根本要求,不管艰难程度如何都必须坚决完成,或想尽一切办法解决掉。坚持优势互补,逐一凝力攻坚。全面建成小康社会的目标要求中,有些是可以很容易实现的,但有些是必须下大力气、花大功夫才能实现的。

绝对标准与相对标准的各项指标一个不能少,一个也不能落下。全国各地发展水平存在差异,少数地区的部分指标完成难度较大,攻坚阶段的工作也应有所侧重,要继续集中优势兵力坚决啃下硬骨头、完成硬任务。一些发展水平较高的地区,一方面持续向现代化发力,另一方面,须持续做好协作帮扶与对口支援。坚持稳扎稳打,积小胜为大胜。正确引导全社会对绝对标准和相对标准的认识,客观真实反映各指标仍存在的短板和不足。坚持短板弱项中的绝对标准竭力实现,不同地区相对标准因地制宜,严格防止不切实际、吊高胃口、盲目攀比,确保绝对标准与相对标准始终运行在适度的轨道上。及时回应社会关切,加强宣传引导,在全国范围内形成良好预期,坚定全面建成小康社会发展信心。

坚持科学发展原则,精准实现标准衔接。当前,我们既要为全面建成小康社会跑好"最后一公里",又要乘势而上开启全面建设社会主义现代化国家新征程。习近平总书记强调要"实现'两个一百年'奋斗目标有机衔接"。只有标准对应才是与各项奋斗目标有效衔接的前提。绝对标准是实现有机衔接的保证,相对标准是实现有机衔接的强力支撑。坚持全面共享基准,凸显小康社会本色。全面建成小康社会最重要的就是"全面"。其本色则取决于绝对标准与相对标准的有机融合,集中表现在各级指标间的联动互动、显性隐性方面。坚持平衡可持续理念,拓宽强国富民道路。

　　全面建成小康社会是实现中华民族伟大复兴中国梦的关键一步。当前的攻坚难点主要体现在可持续发展指标和公平、平等指标上,即大多集中在相对标准中,仍需坚持平衡可持续理念,创新发展模式,适当平衡各种利益关系。面对重大疫情、自然灾害等突发外部性问题,也应最大限度地创造就业机会,增加可持续发展方面的投入。坚持生态文明思想,强化发展战略支撑。从生态环境各指标进展程度和未来发展趋势来看,各指标整体难度依旧很大。除去绝对指标必须完成,相对指标的落实应将习近平生态文明思想作为根本遵循,坚定不移贯彻新发展理念,坚决打赢打好污染防治攻坚战,推动经济高质量发展。确保如期全面建成小康社会,及时开启社会主义现代化建设新征程,接力实现中华民族伟大复兴的中国梦。

（原载于人民网·理论频道,2020 年 06 月 17 日,略有删改）

为人类反贫困事业贡献中国方案

消除贫困、全面建成小康社会,是习近平新时代中国特色社会主义思想的重要内容。

党的十八大以来,习近平总书记走遍中国 14 个山区集中连片特困地区深入调查研究,多次召开跨省区脱贫攻坚座谈会,就精准脱贫工作发表了一系列重要讲话,从战略和全局高度,深刻阐述了推进脱贫攻坚的重大意义,明确了精准脱贫的目标任务、总体要求,总结了脱贫攻坚中必须直面的矛盾和问题、把握的思路和方法,成为打赢脱贫攻坚战的思想指南和行动遵循。

特别是《习近平谈治国理政》第三卷中关于脱贫攻坚的重要论述,不仅明确指出了取得脱贫攻坚胜利对于全面建成小康社会的重大意义,还全面阐述了我国脱贫攻坚的主要做法和重大成就,以及在脱贫攻坚伟大实践当中所积累的宝贵经验,是马克思主义反贫困理论中国化的最新成果。

习近平总书记关于脱贫攻坚的一系列重要论述不仅开辟了马克思主义反贫困理论发展的新阶段,还为世界扶贫减贫事业提供了新方案。特别是在全球反贫困的今天,中国作为一个区域发展不平衡的大国,贫困地区和贫困人群大都分布在自然条件差、经济基础弱、贫困程度深的地区,特别是连片的深度贫困地区致贫原因复杂,我们在脱贫攻坚上取得举世瞩目的伟大成就，对全世界的扶贫减贫事业具有重要的借鉴和指导意义。

以人民为中心的思想为世界扶贫减贫事业提供价值引领。以人民为中心的脱贫思想是我国精准脱贫的根本立场，既强调了扶贫思想的人民性，也强调了扶贫路径的人民性。脱贫的根本出发点和最终目的都是为了让人民群众过上好日子，让全体人民共享改革发展成果。贫困群众既是扶贫的对象又是脱贫的主体，只有坚持"人民主体地位"，以人民为中心，深入群众、了解群众的真实所需，问政、问计于民，才能制定符合当地实际的脱贫措施。物质脱贫和精神脱贫同等重要，要通过"扶志"激发和培育贫困群众的内生动力，坚定贫困群众的脱贫信念，使贫困群众摆脱"等、靠、要"的思想；要通过"扶智"，激发和培育贫困群众的自我发展能力，阻断代际贫困的传递，不仅要在经济上脱贫，更要在精神上脱贫。正如习近平总书记所强调，"发展的目的是造福人民。要让发展更加平衡，让发展机会更加均等、发展成果人人共享"。

共同体理念为世界扶贫减贫事业提供中国智慧。共建人类命运共同体是习近平新时代中国特色社会主义思想的重要内容，共商共建共享是人类命运共同体理念的重要内涵。精准脱贫的核心要义就是要实现贫困地区的人口能够与全国人民一道实现全面小康，共享中国经济社会发展的成果。小康社会的小康不是少数人的小康，而是全民的小康，目标是实现全民小康、全民共享。在中国脱贫攻坚伟大实践中，我们不仅因地制宜、突出"精准"，尊重贫困群众意愿、汲取群众脱贫智慧，还广泛动员社会各方面力量共同参与，核心内容是贫困群众的自力更生和自我发展，党和政府要与贫困群众一道共同努力拔掉"穷根"，实现小康社会的共建共享。习近平总书记多次在外交场合强调，"各国和各国人民应该共同享受发展成果。每个国家在谋求自身发展的同时，要积极促进其他各国共同发展"。

　　精准式的方略为世界扶贫减贫事业提供了中国模式。扶贫减贫是个系统工程,中国结合新时代脱贫攻坚的实际提出了一系列脱贫方略。脱贫攻坚贵在精准,要精准识别、精准施策,习近平总书记强调"必须坚持精准扶贫、精准脱贫,坚持扶持对象精准、项目安排精准、资金使用精准、措施到户精准、因村派人(第一书记)精准、脱贫成效精准等'六个精准'",重点解决好"扶持谁""谁来扶""怎么扶"的问题。精准式的脱贫方式为我们立足当地实际,摸清当地资源禀赋结构,发挥地方资源优势,明确靶向、对症下药,把资源优势变成经济社会发展优势提供了方法论,对世界反贫困斗争具有重要的借鉴意义,也正是实施精准式扶贫,我国的减贫扶贫事业取得了举世瞩目的成就,得到了全世界的认可。

　　　　　　　　　　　(原载于人民网·理论频道,2020 年 10 月 17 日)

从一元治理到党领导下的乡村自治
——中国乡村治理七十年

党的十九大报告指出,农业农村农民问题是关系国计民生的根本性问题,必须始终把解决好"三农"问题作为全党工作重中之重。美国学者塞缪尔·亨廷顿曾指出,在现代化的政治过程中,农村扮演着关键性的"钟摆"角色,并强调"得农村者得天下"。新中国成立70年的农村社会发展变迁,是中国共产党带领全国人民对社会主义道路艰难探索的重要内容,验证了中国特色社会主义的强大生命力,展现了中国特色社会主义理论的不断发展与创新。

中国有数量庞大的农民生活在乡村社会,这是基本的社会底色,也是传统中国能够维持相对稳定的重要基础。但是,在现代化进程中,底色浓重的乡土社会既是国家治理的基石,也是国家现代化进程中的"弱项"。作为国家现代化"弱项"的乡村,从结构上看,是农民的分散性造成的。分散的农民以家户为单位从事农业生产生活、进行社会交往,他们的横向联系很难超出家族或乡域的小圈子,从而出现孙中山先生所指的,中国只有家族主义和宗族主义,没有国族主义。从行为主体上看,体现为农民的弱主体性,这使得他们的社会政治目标相对有限,以至于内敛到仅仅对家庭问题的解决。由此,庞大的农民群体难以在政治上成长为一个自为的阶级,也难以承担国家现代化的重任。

作为国家治理基石,让数量庞大的农民群体迈入现代化的门槛是国家治理不可忽视的重要部分。农民、农村的现代化不仅要加强党的领导,更需要党带领广大农民实现富裕,实现乡村振兴,实现全面小康,推动乡村治理体系和治理能力的现代化。在历史和人民的选择中,中国共产党以坚定的理想信念和天然的使命感,通过"政党下乡""宣传下乡""精英下乡"等手段将党的组织深入扎根农村社会,有效宣传、教育并动员广大的农民群体,从而在历史的夹缝中走出了"农村包围城市"的道路,中国共产党也自下而上成长为中国革命的核心领导力量。中华人民共和国成立后,中国共产党又通过自上而下的深度嵌入和有效整合,成为乡村现代化的支柱力量,并在不同的历史阶段上形成了各具特色的治理特点。

党的组织性统合下的一元治理。面对乡村治理问题,党在革命时期就注重组织性动员,不过真正实现党组织在广大农村地区全面延伸则是伴随着中华人民共和国的成立而展开的。新中国成立初期,党一方面通过土地改革,废弃传统的土地制度,完成新民主主义革命遗留的历史任务,实现党对农民的承诺,迅速赢得农民的认同与拥护,并将党和国家的意志全面迅速渗透到广大农村,从而实现了党对农村社会结构的改造和对广大农村的有效整合,提高了农民对共产党政权的认同感。另一方面,通过集体化解决农民的分散性问题,激发农村的生产活力。这种组织性动员在两个层面上进行:一是通过将"支部建在生产单位"上逐步实现了组织全覆盖,分散的家庭都成为集体的一分子,克服了农民结构上的分散性;二是通过集体化和人民公社化等一系列运动将分散的农民与国家建立了有效的联系,农民不仅在身份上得到明确,其劳动也"国家化"了,农民的政治主体性得到了空前的成长。

这一时期,农村对国家的社会主义现代化建设作出了重大贡献。

国家对农村的汲取是建设社会主义现代工业体系的基本条件,国家不仅通过统购统销、集体化、人民公社等方式,从农村汲取工业化所必需的原始积累;限制城乡流动的二元户籍制度,也为国家工业化做出了重要贡献,保证了国家集中财力建设社会主义工业化,推动我国的产业结构在 20 年左右的时间内走完了由以农业为主到以工业为主的历程。

综合来看,党通过基层组织的延伸更进一步扎根于乡村社会,实现了对乡村社会的纵向统合。乡村治理的主体力量被国家化,党的基层组织也成为了乡村治理的权力主体,乡村社会的治理结构表现为党的一体化统合,政治性突出。相比于传统的乡村治理,农民通过党的基层组织连接,从狭小的家族认同上升到国家和民族认同,农民的政治参与热情也空前高涨,克服了弱主体性的困境。但是,乡村社会被置于一种静态的治理框架中,而且党的基层组织以政治性期待替代了农民的经济性需求,家庭联产承包责任制的实行正是在这点上取得了突破。

党的协调性领导下的乡政村治。党的组织性统合虽然在乡村动员有力、组织有效,维持了稳定和公平,却缺乏发展效率。家庭联产承包和改革开放是激发农村活力的催化剂。1978 年冬,安徽省凤阳县小岗村 18 户农民将土地承包到每个家庭,从此开启了农村家庭联产承包责任制的先河。同年十一届三中全会召开,中国改革开放的序幕缓缓拉开。从此,在农村自下而上的创造与党自上而下的推动下,农村的活力逐步释放。

家庭联产承包责任制的推行尊重了家户的效率价值,农民的经济自主性也得到了空前释放,这就解构了党在乡村的统合性治理结构。为了解决自主性增强所引发的秩序问题,以行政村为单位的村民自治与自上而下的行政治理在村级党组织层面进行了对接,"乡政村治"治理模式应运而生。党的基层组织也因此承担着协调者的角色,一方面是协调农民家户的"分"与集体的"合",即农民以家庭为单位获得了土地的承包经营权,自主性日益增强,但农民承包经营的土地是集体所有的,增强家户的效率与壮大集体经济之间必然要依靠凝聚核心力量的党组织来协调,才可能将矛盾保持在一定的秩序范围内。另一方面,随着乡镇企业的兴起和改革开放的逐步深入,农民工大量进城,进一步释放了农民的发展活力,此时的农村基层党组织不仅要协调村庄的"事务",还要完成政府的"任务"。《中华人民共和国村民委员会组织法》确立了乡镇政府与村民委员会之间的指导与协助关系,但在具体的实践中,自上而下的政府任务通过村党组织成为村委会的职责,农民自治因各方面原因而难以自下而上地进入乡镇的视野,结果是"村治"中被嵌入"乡政"的内容,而"乡政"中却难以体现"村治"的因素。处在中间节点的村党组织难以调和政府和农民之间的这种紧张关系,也就影响了党的领导作用的发挥。

由于社会自主性的成长和对发展经济的重视,党在基层的领导出现了一定程度的弱化、虚化、边缘化问题,尤其是来自乡村社会的人情关系等非制度性因素与来自市场社会的经济利益等诱致性因素的叠加,出现部分党的基层组织协调性功能有余而领导能力相对不足的困境。

党的整合性引领下的治理有效。党的十八届三中全会提出,全面深化改革的总目标是完善和发展中国特色社会主义制度,推进国家治理体系和治理能力现代化。这两者是一个有机整体。具体到乡村社会中,必须在推进乡村治理有效中不断增强党的作用力和整合力,坚持和加强党对乡村治理的集中统一领导,这是构建新时代中国特色的乡村治理体系的必然之需,也是全面加强和改善党的领导的时代所要。

新时代乡村治理体系的特色体现在两个方面:一是以政党的有效性来实现乡村的整合性。对于党的基层组织,党的十九大报告提出，要以提升组织力为重点，突出政治功能，进一步强化了党的战斗力，提升了党的有效性。在此基础上，实现基层党组织对村级各类组织的领导，进而通过公共服务、公共管理和公共安全保障等实现对乡村农民的有效整合。二是党的引领以农民社会自主性的成长为目标。全心全意为人民服务是党的根本宗旨，党的十九大进一步确立了"以人民为中心"的发展思想。发展的成果要让人民共享，要让人民来检验。但与此同时，"幸福都是奋斗出来的"。不论是在新时代的脱贫攻坚战中，还是在乡村振兴战略的推行中，都要强调对农民自主性的尊重、发掘和提升。所以，党的基层组织在凝结群众、整合社会的过程中，必须不断激发农民的社会自主性，进而在实现中华民族伟大复兴的历史征程中不断推进人自由而全面发展的目标实现。

在全面建成小康社会的背景下，当前农村治理还存在一些问题，需要在党的领导下通过改革、发展加以解决。

一是需要进一步加强党对农村工作的领导。党的十八大以来，以习近平同志为核心的党中央坚持把"三农"工作摆在重要位置，出台了一系列推动农村经济社会高质量发展的方针政策。实践也证明，坚持和加强党对农村工作的全面领导、持续提高党在农村的组织力，是打赢脱贫攻坚战、深入实施乡村振兴战略、巩固党在农村的执政基础的根本保障。农村富不富，关键看支部。当前，随着全面建成小康社会的深入和脱贫攻坚战进入决胜的关键阶段，农村基层党组织也出现了带富能力不强、阵地建设不规范、党员老化、党员教育管理"宽松软"现象、"三会一课"等制度落实不到位的情况，农村党员违纪违规等现象还普遍存在。因此，新时代的乡村治理，全面加强党的领导，全面提升党的组织力，突出政治功能，健全基层组织，优化组织设置，创新活动方式，严格党员教育管理，全面提升和增强农村党组织带富致富的能力，推动农村基层党组织全面提档升级，是重要任务。

　　二是农民增收和农村治理现代化的能力还需进一步提高。党的十八大以来,农村持续发展,农民持续增收。但是,与城市相比,农民收入增长乏力,城乡收入差距拉大是一个事实。因此,下一步需要结合乡村振兴战略,深化农村集体产权制度改革,探索增加农民财产性收入的新路径。需要进一步推进农业供给侧结构性改革,全面提升农产品质量和水平;推行绿色生产方式,增强农业可持续发展能力和水平。需要进一步拓宽农民增收渠道,通过改革进一步完善农业补贴制度,确保农民持续增收。需要因地制宜发展支柱产业,确保脱贫农民不返贫,走出一条长远发展的产业扶贫之路。需要进一步提高农业生产效率,发展适度规模经营;做大做强特色产业;培育新型农业经营主体,健全农业社会化服务体系,实现小农户和现代农业发展有机衔接。

　　党领导下的乡村治理七十年实践证明,农业农村农民问题是关系党的执政之基的重大问题,是关系到国计民生的根本性问题;必须始终把解决好“三农”问题作为全党工作的重中之重。因此,新时代的乡村建设,必须加强农村基层党组织对乡村振兴的全面领导,以农村基层党组织建设为主线,突出政治功能,提升党的组织力和治理能力,把农村基层党组织建成宣传党的主张、贯彻党的决定、领导基层治理、团结动员群众、推动改革发展的坚强战斗堡垒。

　　　　　　　　　　　　　（原载于《国家治理》,2019 年第 28 期）

新时代共同富裕的方法论思考

　　习近平总书记指出："我们始终坚定人民立场，强调消除贫困、改善民生、实现共同富裕是社会主义的本质要求，是我们党坚持全心全意为人民服务根本宗旨的重要体现，是党和政府的重大责任。""共同富裕是社会主义的本质要求，是中国式现代化的重要特征，要坚持以人民为中心的发展思想，在高质量发展中促进共同富裕。"党的十八大以来，以习近平同志为核心的党中央深刻把握发展阶段的新变化，把逐步实现全体人民共同富裕摆在更加突出的位置上，推动区域协调发展，采取有力措施保障和改善民生，打赢脱贫攻坚战，全面建成小康社会，为促进共同富裕创造了良好条件。现在，已经到了扎实推动共同富裕的历史阶段。

　　共同富裕既是发展阶段也是发展目标。马克思和恩格斯在《共产党宣言》《资本论》《反杜林论》等著作中，从生产力与生产关系相互作用的角度探讨了劳动者摆脱剥削和压迫的现实途径，提出"通过生产方式的变革，使得生产将以所有的人富裕为目的"的重大论断。可以说，共同富裕是马克思主义的基本主张，是社会主义的本质要求，也是中国共产党人为之奋斗的初心和使命。党的早期领导人李大钊就强调指出社会主义"是使生产消费分配适合的发展，人人均能享受平均的供给，得最大的幸福"。党的一大把废除私有制写入党章。毛泽东也曾强调不搞资本主义。不搞资本主义,就是为了避免两极分化、实现共同富裕。邓小平指出社会主义的本质是解放生产力,发展生产力,消灭剥削,消除两极分化,最终达到共同富裕。改革开放以来,通过推进改革,发挥"先富带动后富"的示范力量,党带领中国人民实现共同富裕的实践也逐步深入,取得了巨大成就,不仅体现在物质财富上,也体现在精神财富方面。党的十八大以来,习近平总书记就实现共同富裕问题,发表了一系列的重要论述,也形成了一系列重要做法和原则,推动共同富裕取得重大进展,取得了许多突破性成果。特别是脱贫攻坚战全面胜利,全面小康社会建成,标志着中国共产党在团结带领中国人民创造美好生活、实现共同富裕的道路上迈出了坚实的一大步。当前,我们正处在中华民族伟大复兴的关键期,世界也正经历百年未有之大变局,国内国际形势相互激荡、同步交织,既给我国发展提供了难得的战略机遇,也带来严峻的挑战冲击,实现推动共同富裕也进入新的阶段。因此,推动共同富裕既是发展阶段也是发展目标,我们要坚持循序渐进,分阶段促进共同富裕。为此,党的十九大对实现第二个百年奋斗目标作出分两个阶段推进的战略安排。第一阶段就是到二〇三五年,基本实现社会主义现代化。第二阶段就是从二〇三五年到本世纪中叶,在基本实现现代化的基础上,再奋斗十五年,把我国建成富强民主文明和谐美丽的社会主义现代化强国。对应社会主义现代化建设的两个阶段,我国推进共同富裕有阶段性目标。

共同富裕既是发展方法也是发展导向。从历史和国情的角度看,在我们这样一个大国实现的共同富裕绝对不是同时同步富裕,区域、城乡及个体间存在适度差异是正常的,不能要求所有地区、所有人同时富裕;共同富裕也不是同等富裕,不能要求不同区域、不同人群都达到全国一致的收入和生活水平。在实现共同富裕的过程中,可以有些人先富起来,有些人后富起来,有些人富裕的程度高一些,有些人富裕的程度低一些。共同富裕既不是贫富悬殊的两极分化，也不是整齐划一的平均主义。也就是说，共同富裕既是发展方法也是发展导向，要在推动实现共同富裕过程中，逐步破解发展不均衡、不充分的难题。共同富裕不仅是社会结构更优化、体制机制更完善的美好社会形态的形成过程，更是一场以缩小地区差距、城乡差距、收入差距为标志的社会变革。在推动共同富裕的方法上，首先要坚持"人民主体地位"。习近平总书记指出幸福生活都是奋斗出来的，共同富裕要靠勤劳智慧来创造。共同富裕的主体是人民群众，也就是说，每个人都是共同富裕的主体，既是受益者又是贡献者，只有人人参与、人人尽力，才能人人享有。实现共同富裕，必须坚持人民主体地位，不断激发全社会勤劳致富、奋斗致富的内生动力和智慧，让一切劳动、知识、技术、管理、资本的活力竞相迸发，让一切创造社会财富的源泉充分涌流，才能更好地推动共同富裕的实现。其次，要坚持长短结合、张弛有度，就要求既需要着眼长远有明确导向，又要立足当下有务实行动，也即既要有目标意识，也要有过程意识；既要有共性目标，也要有个性路径。既要结合地方实际各异、发展水平不同，又要因时因势因地制宜作出具体政策设计安排。最后，要导向明确，过程可察，既要自觉主动解决地区差距、城乡差距、收入差距等问题，又要让发展成果更多更公平惠及全体人民，不断增强人民群众获得感、幸福感、安全感，还要让人民群众真真切切感受到共同富裕不仅仅是一个口号，而是看得见、摸得着、真实可感的事实。

共同富裕既是发展手段也是发展目的。共同富裕是全体人民的富裕，不是少数人的富裕；是逐步共同的富裕，不是整齐划一的富裕。广大人民群众，既是实现共同富裕的主体也是分享共同富裕的主体。在实现共同富裕过程中，作为手段，首先要做大蛋糕，作为目的又要公平地分好蛋糕，也就是在不断做大蛋糕的过程中分好蛋糕，在高质量发展中促进共同富裕。要坚持党的领导，共同富裕是一个长期目标,具有长期性、艰巨性、复杂性,党是我们实现共同富裕的坚强领导者和"主心骨"。没有党的领导,实现共同富裕就是一句空话。正是在党的领导下,我们根据不同历史时期的历史特点,循序渐进,既尽力而为又量力而行,提出了前后连贯、与发展规律相契合的共同富裕实现路径。共同富裕,既是党领导全国人民推动社会变革、实现革命理想的手段,也是中国共产党人的奋斗目的。要创新发展理念,要在新发展理念推动下,坚持创新、协调、绿色、开放、共享的新发展理念。创新是一个民族进步的灵魂,是一个国家兴旺发达的不竭源泉,推动经济社会各领域持续发展,必须实施创新驱动发展战略,加快转变经济发展方式,为共同富裕注入动力。协调好发展中的薄弱方面、薄弱环节,补足短板、重点突破,实现共同发展;坚持既要金山银山又要绿水青山的辩证发展理念,坚持可持续发展,形成人与自然和谐发展新格局。坚持开放、融合,推动形成国内国际双循环格局,更好推动经济发展。通过新发展理念,不断推动经济社会发展,实现美好生活的共商共建共享。要以人民为中心,破解发展难题,立足发展矛盾解决,聚焦地区差距、城乡差距、收入差距等问题,统筹好就业、收入分配、教育、社保、医疗、住房、养老、扶幼等关系民生、关乎社会公平正义的问题,推动在幼有所育、学有所教、劳有所得、病有所医、老有所养、住有所居、弱有所扶上持续取得新进展。更加注重农村、基层、欠发达地区的发声,困难群众的生活;规范资本和保护产权,保护合法致富,规范资本在健康发展中促进共同富裕;强化精神引领,不断满足人民群众多样化、多层次、多方面的精神文化需求,在满足人民精神生活需要中促进共同富裕。既要坚定把握良好的经济社会发展的契机,也要冷静应对和妥善处理各种内外风险和挑战,有效规避风险,在抢抓机遇中赢得发展,不断在发展中增加全体人民的获得感、幸福感、安全感。

(原载于荆楚网,2022 年 04 月 07 日)

共同富裕是中国共产党的
基因诉求与历史使命

《共产党宣言》的发表，标志着马克思主义的诞生，同样也镌刻了共产党人的基因诉求和历史使命。《共产党宣言》是共产党政党基因的母体。何谓政党基因，政党基因就是政党"标识"自身特质的基本信息单元，时刻表征出政党所谋求的阶级利益。政党基因作为政党的生命元素与动力引擎，不仅具有阶级性、客观性、传承性、感染性等特征，还蕴含着政党的传承动力，凝结着政党的激情活力，承载着政党的阶级情怀，弘扬着政党的历史使命，是引领政党宗旨，涵养政党理论，指导政党实践的源动力。《共产党宣言》不仅深刻阐明了资产阶级和无产阶级的不平等关系及其内在矛盾，宣示了后者推翻前者的使命，揭示了社会主义代替资本主义的历史必然，还强调，共产党人的任务是消灭私有制，要"把资本变为公共的、属于社会全体成员的财产"。他们还描述了共产主义社会的"图景"，其中之一就是共产主义是以生产力高度发展、人民共同富裕为前提的。

在《共产党宣言》中，马克思、恩格斯还指出，过去的一切运动都是少数人的或者为少数人谋利益的运动，无产阶级的运动是绝大多数人的、为绝大多数人谋利益的运动。旗帜鲜明地强调共产党人是站在无产阶级和广大人民一边："一方面，在无产者不同的民族的斗争中,共产党人强调和坚持整个无产阶级共同的不分民族的利益;另一方面,在无产阶级和资产阶级的斗争所经历的各个发展阶段上,共产党人始终代表整个运动的利益。"也就是说,在共产党人的追求中,社会发展的成果必须惠及全体人民是重要使命。

《共产党宣言》还强调共产党人为工人阶级的最近的目的和利益而斗争,但是他们在当前的运动中同时代表运动的未来。这也告诫共产党人,要完成自身的历史使命,必须做最高纲领和最低纲领的统一论者,并从另外一个方面表明,尽管实现"共同富裕"是共产党人追求的"金牧场",但是在推进实现共同富裕的过程中不可能也不会是"一天建成",与实现共产主义一样是一个循序渐进的过程。共产党的伟大就在于敢于抛弃个人和阶级私利,从绝大多数人民群众的根本利益出发,以牺牲个人和阶级自身的利益来换取最大多数人的解放和幸福。正是共产党人崇高的理想、无私的品格、无与伦比的凝聚力,感染和吸引了无数的人们,这是人类社会以往一切时代的社会运动、社会变革都不曾有过的,也是人类社会文明真正开端的曙光。因此,无论是从共产党人的阶级属性还是从其历史使命看,实现共同富裕不仅是共产党人的基因诉求,也是融入共产党血脉之中必须担负的历史使命。换言之,实现共同富裕这个人类的伟大梦想,不是任何政党都有资格担起的历史使命,只有也只能有共产党才有资格承担起这一伟大历史使命。

中国共产党是实现共同富裕的统一论者。自成立之日起,就把追求共同富裕作为自己的神圣使命和奋斗目标,一代代中国共产党人前赴后继对实现共同富裕进行了艰辛探索。从一百多年前,李大钊憧憬社会主义"是使生产、消费、分配适合的发展,人人均能享受平均的供给,得最大的幸福";到土地革命战争时期,党实事求是提出"打土豪,分田地"的口号,制定我国第一部土地法,提出依靠贫雇农、联合中农、限制富农的政策;再到抗日战争时期,党提出"自己动手,丰衣足食"的口号,并实施减租减息、增开荒地、增加农贷等惠农政策等,都是中国共产党人追求共同富裕的阶段性探索。解放战争时期,党通过《关于土地问题的指示》《中国土地法大纲》等政策文件,推动解放区土地改革,实现了"耕者有其田",奠定了党带领人民群众走向共同富裕的基本基础。中华人民共和国的成立,标志着民族独立和人民解放的真正实现,为谋求共同富裕创造了根本政治条件。

新中国成立后,以毛泽东同志为代表的中国共产党人根据马克思、恩格斯对未来社会以及关于共同富裕的基本设想,领导和完成了"三大改造",建立了社会主义制度,实现了中国历史上最伟大最深刻的社会变革,为党在社会主义条件下追求共同富裕提供了坚实的制度基础。党的十一届三中全会的召开,开启了社会主义现代化建设新时期党对共同富裕新的理论思考和实践探索。邓小平同志结合中国具体国情提出了"一部分地区有条件先发展起来,一部分地区发展慢点,先发展起来的地区带动后发展的地区,最终达到共同富裕"的共同富裕思想。他强调社会主义最大的优越性就是共同富裕,这是体现社会主义本质的一个东西。他还指出,共同富裕是一个艰巨而复杂的历史过程,要以先富带后富逐步实现共同富裕的战略思想来统一全党认识。他还强调社会主义不是少数人富起来、大多数人穷,不是那个样子。党的十三届四中全会以后,以江泽民同志为代表的中国共产党人继续推进共同富裕这一伟大历史使命,强调实现共同富裕是社会主义的根本原则和本质特征,绝不能动摇,并提出"效率优先,兼顾公平"的分配原则,全面加强扶贫工作,降低贫困率的发生。在新千年伊始,党领导人民实现了全民总体小康的目标,这是科学社会主义运动史上的伟大壮举。党的十六大以后,以胡锦涛同志为代表的中国共产党人提出科学发展观,强调"使全体人民共享改革发展的成果,使全体人民朝着共同富裕的方向稳步前进"。

党的十八大以来,习近平总书记在多个场合提出消除贫困、改善民生、实现共同富裕，是社会主义本质要求，是我们党矢志不渝的奋斗目标。"发展才是社会主义，发展必须致力于共同富裕。""共同富裕是社会主义的本质要求，是人民群众的共同期盼。""实现共同富裕不仅是经济问题，而且是关系党的执政基础的重大政治问题。"并在庆祝中国共产党 100 周年大会上宣布，实现了第一个百年奋斗目标，在中华大地上全面建成了小康社会，历史性地解决了绝对贫困问题，正在意气风发向着全面建成社会主义现代化强国的第二个百年奋斗目标迈进。当前，全面建成小康社会目标如期实现，我们已经自豪地进入已经到了扎实推动共同富裕的历史阶段。习近平总书记不仅指明了党在第二个百年的新征程上扎实推进全体人民共同富裕的目标和方向，就是着力解决发展不平衡不充分问题和人民群众急难愁盼问题，推动人的全面发展、全体人民共同富裕取得更为明显的实质性进展。还科学规划了"路线图"和"时间表"，将"全体人民共同富裕取得更为明显的实质性进展"确立为党领导中国人民 2035 年基本实现社会主义现代化的远景目标之一。

习近平总书记指出，幸福生活都是奋斗出来的，共同富裕要靠勤劳智慧来创造。他还强调：人民是我们党执政的最大底气，是我们共和国的坚实根基，是我们强党兴国的根本所在。我们党来自于人民，为人民而生，因人民而兴，必须始终与人民心心相印、与人民同甘共苦、与人民团结奋斗。实现共同富裕是共产党人的基因诉求和历史使命，也是世人千年来的梦想，共同富裕的主体是人民群众，每个人都是共同富裕的主体。只有在党的坚强领导下，人人参与、人人尽力，才能人人享有。当然，对于一个拥有 14 亿多人口且发展不平衡、不充分的国家来说，实现全体人民的共同富裕是一个极其艰巨的任务，也是一个长期而复杂的历史过程。当前，我国发展不平衡不充分问题仍然突出，城乡区域发展和收入分配差距较大，促进全体人民共同富裕是一项长期任务，但随着我国全面建成小康社会、开启全面建设社会主义现代化国家新征程,我们必须把促进全体人民共同富裕摆在更加重要的位置,脚踏实地,久久为功,向着这个目标更加积极有为地进行努力。向着实现共同富裕的伟大目标进发,实现全体人民的富裕、人民群众物质生活和精神生活的富裕,不仅是流淌在共产党人血脉之中的基因诉求,也是一代代中国共产党人"不忘初心,牢记使命"的追求之所以如此崇高、美好、神圣的时代表达。

(原载于学习强国·荆楚网,2022 年 09 月 08 日)

弘扬伟大建党精神传承红色基因

大别山精神研究的现状、问题与展望

　　人无精神则不立,国无精神则不强。党的二十大报告指出"弘扬伟大建党精神,自信自强、守正创新,踔厉奋发、勇毅前行,为全面建设社会主义现代化国家、全面推进中华民族伟大复兴而团结奋斗"①。大别山精神是中国共产党精神谱系的重要组成部分,是激励中华民族砥砺前行的宝贵财富。习近平总书记指出,大别山精神是我们党的宝贵精神财富②。大别山精神研究的现状如何、有何特点、存在的核心问题是什么? 基于此,本文采用文献计量学方法,结合近年大别山精神的研究情况,运用 CiteSpace 绘制大别山精神研究的知识图谱,呈现大别山精神研究的时空动态演化历程,并就如何进一步研究大别山精神,特别是提炼大别山精神文本提出建议。

一、大别山精神研究的主要成果

　　改革开放以来,学术界对鄂豫皖革命根据地开展深入研究,系统

① 习近平:《高举中国特色社会主义伟大旗帜　为全面建设社会主义现代化国家而团结奋斗——在中国共产党第二十次全国代表大会上的报告》,北京:人民出版社,2022 年,第 1 页。
② 习近平:《用好红色资源,传承好红色基因　把红色江山世世代代传下去》,《求是》2021年第 10 期。

梳理了一批历史资料并产出了一系列学术论著,为开展大别山精神研究提供了坚实的基础。从已有成果来看,近年来,学术界对大别山精神研究的成果形式集中在专著和论文两个方面。在全国图书馆参考咨询联盟网站进行图书检索可以发现,以大别山精神命名的图书有4本(见表1)。虽然学界聚焦于大别山精神研究的专著数量较少,但是以鄂豫皖革命根据地等为研究对象的文献和著作相对较多,为学界研究、提炼和概括大别山精神提供了宝贵的史料支撑。

表1　大别山精神研究图书汇总表

序号	作者	书名	出版社/时间
1	张启华	大别山精神研究	安徽人民出版社/2015
2	丁同民等	彪炳史册的大别山精神	人民出版社/2018
3	大别山干部学院	大别山的革命精神与党内政治文化	国家行政学院出版社/2019
4	施昌旺朱贵平	大别山精神研究	安徽师范大学出版社/2021

学术论文方面,以"大别山精神"为主题在中国知网学术期刊库网站进行文献检索,共检索出160篇有效文献(见表2)。文献主要对大别山精神的基本内涵、价值阐述、文化渊源、传播途径等方面开展了卓有成效的研究,取得了丰硕的成果。

表2　大别山精神研究部分重要文献

序号	作者	文献标题	期刊	年/期
1	梁家贵蒲学红	大别山精神研究综述	苏区研究	2022/01

续　表

序号	作者	文献标题	期刊	年/期
2	陈永典 汪季石	新时代大别山红色文化的伦理价值及其传承	中南民族大学学报（人文社会科学版）	2021/12
3	张金林	红安精神研究述评	苏区研究	2021/03
4	孙伟	让大别山精神在新时代焕发新光彩	红旗文稿	2020/21
5	夏慧 汪季石	大别山红色文化的形成与发展	中国高校社会科学	2020/03
6	李庚香	用大别山精神铸牢党性之魂——学习习近平总书记视察河南讲话体会之一	领导科学	2019/21
7	郑兴刚 曾祥明	大别山精神研究现状与思考	苏区研究	2019/04
8	吴太宇	深化鄂豫皖革命根据地历史研究的三个问题	中州学刊	2018/04
9	王春亮	刘邓大军挺进大别山区的战略意义	学习论坛	2018/03
10	石仲泉	"大别山精神"刍议	苏区研究	2017/04
11	王春亮	勇于担当：大别山精神的鲜明品格	学习论坛	2016/06
12	刘晖	对党忠诚：大别山精神的灵魂	学习论坛	2016/04

　　学位论文方面，在中国知网学位论文库网站，以题名"大别山精神"进行论文检索，共检索出 6 篇相关学位论文（见表 3）。这 6 篇学位论文探讨了大别山精神的时代价值，及其对青少年的教育

引导意义。

表3　大别山精神研究学位论文

序号	作者	论文题目	学位授予单位/时间
1	朱慧花	论大别山精神	信阳师范学院/2010
2	陈陆阳	大别山精神的当代价值及对青年学生的启示研究	河南工业大学/2017
3	孙倩	大别山精神助推社会主义核心价值观建设研究	河南师范大学/2021
4	周韵诗	大别山精神融入高中思政课的当代价值及对策	信阳师范学院/2022
5	周忠鑫	大别山精神的内涵与时代价值研究	信阳师范学院/2022
6	随佳玲	大别山精神的当代价值及其实践路径研究	河南农业大学/2022

报纸方面,《河南日报》等鄂豫皖三省的地方报以及《光明日报》和《中国社会科学报》等中央级媒体对大别山精神的关注较多。

二、大别山精神研究的知识图谱

1. 大别山精神研究的年份分布

对已搜集的160篇样本文献按年份进行统计,并且绘制折线图(见图1),可以发现2007年以来,大别山精神研究文献总体上呈现波动上升趋势,文献发表数量在2021年达到顶峰,近两年研究热度有所降低。

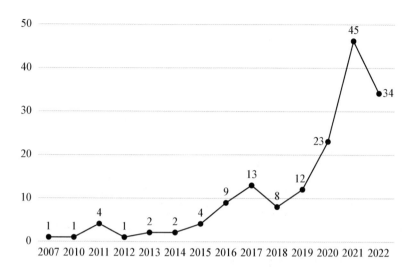

图 1　大别山精神研究文献年度分布图

2. 大别山精神研究的刊文期刊分布

截至 2023 年 1 月,中国知网共有 98 种学术期刊刊载过有关大别山精神的学术文章,共有 7 本 CSSCI 和北大核心期刊刊载过关于大别山精神研究的论文,刊文数量在 2 篇以上的期刊有 26 种。《黄冈师范学院学报》和《黄冈职业技术学院学报》分别设有"大别山红色文化"和"鄂东文化研究"的固定栏目,是大别山精神研究的主要刊文期刊(见表 4)。

表 4　大别山精神研究刊文量排名前十的期刊

序号	期刊名称	刊文量	期刊所在省份
1	黄冈师范学院学报	13	湖北省
2	黄冈职业技术学院学报	8	湖北省
3	学习月刊	6	湖北省

序号	期刊名称	刊文量	期刊所在省份
4	皖西学院学报	6	安徽省
5	人大建设	5	河南省
6	苏区研究	4	江西省
7	信阳农林学院学报	4	河南省
8	红色文化学刊	3	江西省
9	学习论坛	3	河南省
10	党政干部论坛	3	湖北省

3. 大别山精神研究的主要议题

对 2007—2022 年大别山精神研究关键词进行聚类分析,生成了关键词共现图谱(见图 2)。在研究大别山精神的关键词图谱中,"大别山精神"是最大的节点,以"大别山精神"为源头向外扩散成一个节点众多且联系密切的关系网络,图谱中节点的大小是由大别山精神研究相关的关键词出现的频次所决定的,代表了其在大别山精神研究领域中的热度。

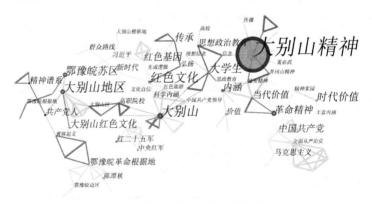

图 2　大别山精神研究关键词共现图谱

根据 CiteSpace 软件统计分析,国内学界对大别山精神研究出现频次前 10 的关键词,依次为"大别山精神"(121)、"大别山"(16)、"大别山地区"(15)、"红色文化"(15)、"大学生"(10)、"时代价值"(9)、"鄂豫皖苏区"(9)、"红色基因"(8)、"革命精神"(8)、"传承"(7)、"内涵"(7)、"大别山红色文化"(7),这些高频关键词在很大程度上反映出了大别山精神研究领域的热点主题。

对所搜集的 160 篇文献进行总体分析,发现学术界关于大别山精神的研究形成了"大别山精神红色基因红色文化""鄂豫皖苏区大别山地区鄂豫皖革命根据地""中国共产党全面从严治党"三条研究主线。每条研究主线又向外发展延伸若干热点领域,构成了大别山精神研究热点图谱。其中,第一条研究主线的鲜明特点是主要探讨大别山精神的丰富内涵、精神特质等主题,并在此基础上进一步探讨大别山精神的传播与弘扬,是当前大别山精神研究最为关注的领域。第二条研究主线的鲜明特点是主要探讨大别山精神的来源、生成逻辑、形成要素等主题,是当前大别山精神研究的另一重要领域。第三条研究主线着重在全面从严治党视域下探讨大别山精神的时代价值,体现了大别山精神研究的现实关照。

4. 大别山精神研究的议题演进

从时间维度看,CiteSpace 所提供的时区视图功能更加能够从时间维度上展示大别山精神相关研究演进的视图,更加能体现大别山精神研究的动态分布趋势(见图 3)。为进一步梳理大别山精神研究的相关演化轨迹,便于把握各时期大别山精神研究的热点,厘清大别山精神研究的发展脉络,结合大别山精神研究文献年度分布图(见图 1)和大别山精神研究演进图谱(见图 3),再根据研究主题的变迁和研究深度的拓展,可将近十几年来国内关于大别山精神研究演进划分为两个阶段,一是大别山精神研究的探索阶段,也就是 2007—2018 年这一时间段;二是大别山精神研究的渐进增长阶段,也就是 2019

年至今这一时间段。

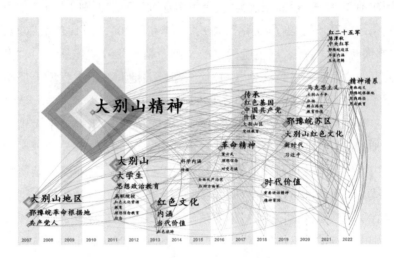

图 3   大别山精神研究演进图谱

2007 年是大别山精神研究的"破冰"之年。刘国胜在纪念黄麻起义 80 周年的相关研究中,对大别山精神的相关议题进行了初步探索。自此,大别山精神逐渐成为学界关注的话题。2017 年,在纪念黄麻起义 90 周年时,学术界又产出了一批关于大别山精神研究的高质量论文,代表性文章为石仲泉的《"大别山精神"刍议》。

2019 年是大别山精神研究走向高潮的关键时间节点。2019 年 9 月,习近平总书记在河南考察时强调大别山精神是我们党的宝贵精神财富,号召全党弘扬大别山精神。① 在习近平总书记发表相关弘扬大别山精神的讲话后,大别山精神成为学术界关注的重要研究内容。此后,大别山精神研究演进图谱中出现了"鄂豫皖苏区""大别山红色文化""新时代""时代价值""精神谱系""马克思主义"等新的节点,表明学术界关于大别山精神的研究不断深入,研究主题也不断拓展。

———————————

① 习近平:《论中国共产党历史》,北京:中央文献出版社,2021 年,第 261—262 页。

三、大别山精神研究的热点主题

1. 大别山精神的来源研究

大别山精神深刻且生动,研究主题广泛,包括:大别山精神特殊的地理环境、区域文化,以及马克思主义思想基础和艰苦卓绝的革命斗争实践基础[①];革命斗争中山区革命群众的斗争勇气与豪迈情怀[②];光荣的革命斗争历史[③];长期的革命实践、坚强的领导核心、革命根据地战略地位[④];对中华优秀传统文化的继承,对马克思主义的信仰,对中国共产党初心使命的践行[⑤]等。

此外,还有部分学者深刻阐述了大别山革命斗争中党的主要领导人为大别山精神的培育所作出的贡献。李莉认为董必武是中国共产党早期马克思主义者的杰出代表,也是大别山精神的缔造者、培育者、传播者和践行者,对大别山精神的形成和发展作出了重要贡献;从具体实践过程看,他以学校、组织、媒体、活动"四位一体"为主要路径的整体推进模式,铸牢了大别山精神之灵魂。[⑥] 范伟认为李先念是大别山精神的重要培育者、模范践行者和有力弘扬者。[⑦]

2. 大别山精神的品质内涵研究

关于大别山精神的品质内涵,学术界探讨较多,包括支撑"28 年红旗不倒"革命实践的大别山精神集中表现为不胜不休的彻底性,集

---

① 孙壮壮、肖建东:《大别山精神的形成和发展》,《红色文化学刊》2022 年第 2 期。
② 彭南生、郑思亮:《"大别山精神"内涵再阐释》,《黄冈师范学院学报》2022 年第 2 期。
③ 董绍富:《大别山精神:鄂豫皖苏区熔铸的宝贵精神财富,《党史文汇》2022 年第 3 期。
④ 余洋:《大别山革命斗争史与大别山精神研究》,《党史博采(下)》2022 年第 2 期。
⑤ 孙蕾:《大别山精神的生成逻辑与时代价值》,《世纪桥》2021 年第 10 期。
⑥ 李莉:《董必武与大别山精神:贡献及价值》,《长江论坛》2022 年第 1 期。
⑦ 范伟:《略论李先念与大别山精神》,《黄冈师范学院学报》2021 年第 1 期。

中体现为彻底的革命、斗争、奋斗和献身精神①;"对党忠诚"是大别山精神的灵魂所在②;大别山精神的特征包括斗争性、担当性、奉献性和坚守性③;"人民性"是大别山精神的本质属性④;"勇于担当"是大别山精神的鲜明品格⑤等。在大别山精神的内涵研究方面,学者们根据大别山精神在不同区域、不同时段的不同特点,结合自己掌握的史料,提炼出不同的版本,有不同的表述。具有代表性的大别山精神内涵有:信念坚定、意志顽强、意识先进、品质质朴、行动果敢⑥;坚守信念、对党忠诚,前仆后继、不怕牺牲,依靠群众、同甘共苦,胸怀大局、敢于担当⑦;坚守初心、勇担使命、紧跟党走、不胜不休⑧;坚守信念、对党忠诚,胸怀全局、甘于奉献,依靠群众、团结奋斗,不畏艰苦、勇当前锋⑨;坚定信念、对党忠诚,一心为民、团结奋斗,胸怀全局、勇于担当,实事求是、守正创新,勇于牺牲、敢于奉献⑩等。

3. 大别山精神的历史地位及贡献研究

目前,学术界从不同侧面对大别山精神的历史地位给予了充分肯定和高度评价。石仲泉认为,大别山精神是党和人民共同的精神财富。⑪ 朱桂莲和杜胜国认为,大别山精神支撑大别山党组织不间

① 岳奎:《不胜不休:大别山精神的特质》,《中国社会科学报》2020 年 7 月 1 日,第 10 版。
② 刘晖:《对党忠诚:大别山精神的灵魂》,《学习论坛》2016 年第 4 期。
③ 杨小东:《全面把握大别山精神的特征》,《中国社会科学报》2020 年 7 月 1 日,第 10 版。
④ 赵东云:《人民性:大别山精神的本质属性》,《商丘师范学院学报》2021 年第 10 期。
⑤ 王春亮、勇于担当:《大别山精神的鲜明品格》,《学习论坛》2016 年第 6 期。
⑥ 刘国胜:《大别山精神综述》,《党史天地》2007 年第 12 期。
⑦ 刘晖、侯远长:《大别山精神:内容特征及传承》,《中国延安干部学院学报》2016 年第 9 期。
⑧ 汪季石、陈永典:《大别山精神对"四个自信"的彰显和促进》,《黄冈师范学院学报》2021 年第 4 期。
⑨ 石仲泉:《"大别山精神"刍议》,《苏区研究》2017 年第 4 期。
⑩ 施昌旺、朱贵平:《大别山精神研究》,芜湖:安徽师范大学出版社,2021 年。
⑪ 石仲泉:《"大别山精神"刍议》,《苏区研究》2017 年第 4 期。

断、武装斗争不间断、鄂豫皖革命根据地不间断。[①] 巴杰提出,在大别山精神引领下,大别山军民在传播马克思主义理论、发展党的组织、创建党的革命根据地、培养党的新型人民军队等方面作出贡献。[②] 还有学者指出大别山区的无数英雄儿女,为民族解放、国家独立、人民幸福而艰苦探索、英勇战斗,为新中国的诞生作出了不可磨灭的贡献,大别山精神是中国共产党奋斗历史的印证,是党领导人民和军队艰苦奋斗的历史见证,是中华民族精神的体现[③]等。

4. 大别山精神的时代价值研究

大别山精神是党的精神谱系的重要组成部分,有着跨越时空的伟大力量,具有重要的时代价值。学界主要从弘扬社会主义核心价值观、推动党员教育、实现中华民族伟大复兴的中国梦、老区开发建设等方面对大别山精神的时代价值进行了深入探讨。在弘扬社会主义核心价值观方面,可以将大别山精神融入当代大学生理想信念教育中[④],采取多种形式宣传大别山精神,用大别山精神鼓舞人[⑤]。在推动党员教育方面,大别山人民革命斗争史有助于广大党员干部进一步用马克思列宁主义武装头脑,永葆共产党员的先进性,有助于增强党的凝聚力和战斗力[⑥];大别山精神是涵养践行社会主义核心价值观的渠道,是全面从严治党的良方妙剂[⑦],是助力实现中国梦、实现中华民族伟大复兴的时代要求[⑧],大别山精神在推进"四个伟大"中发挥

① 朱桂莲、杜胜国:《大别山精神的历史作用》,《中国社会科学报》2020年7月1日,第10版。
② 巴杰:《大别山精神的历史地位》,《河南日报》2020年9月15日。
③ 施昌旺、朱贵平:《大别山精神研究》,芜湖:安徽师范大学出版社,2021年。
④ 郭生纺、谢语蔚:《大别山精神与当代大学生理想信念教育》,《黄冈师范学院学报》2020年第2期。
⑤ 张晓路:《"大别山精神"的当代价值》,《科教文汇》2017年第8期。
⑥ 刘利:《大别山精神的科学内涵及其时代价值》,《学习月刊》2014年第20期。
⑦ 张州:《大别山精神的传承与当代价值分析》,《政策与商法研究》2019年第30期。
⑧ 张果:《大别山精神的科学内涵、当代价值与弘扬路径》,《求知导刊》2015年第12期。

着独特的时代价值①。在助力当地经济社会发展方面,旅游资源可助力大别山区经济社会发展②,大别山精神可以激励老区人民不忘初心、艰苦奋斗,为经济社会发展提供精神动力③等。

4. 新时代弘扬大别山精神的路径研究

学术界主要从学理阐释、扩大宣传、资源开发、思政课堂等几个层面对弘扬大别山精神做了深入的探究。要从学理层面加大对大别山精神的内涵研究,要进一步提炼大别山精神的内涵,达到准确、规范,实现统一。④ 要进一步创新大别山精神的传播渠道,通过数字技术、创新方式方法等加强传播。要融入思政课教学,在课程目标中融入大别山红色基因特质⑤,强化大别山精神与校园文化活动和特殊载体的相互浸入⑥等。从红色资源开发层面提升大别山精神的影响力。大别山区有着丰富的红色文化资源,要利用好这些红色资源,广泛开展爱国主义教育;拓展旅游发展新空间,助力大别山区经济社会发展等。

四、大别山精神研究的薄弱环节及文本提炼的要求

目前学术界对大别山精神的研究还处于初步阶段,显得较为薄弱,主要体现在三个方面。一是研究队伍较弱。当前,大别山精神的研究机构局限于鄂豫皖三省地方高校和党校等科研单位。从研究队伍看,主要集中在鄂豫皖三省的地方高校、党校及中央党校、中央党

① 张曼:《试论大别山精神对推进"四个伟大"的独特价值》,《河南教育(高教)》2021年第6期。
② 师永伟:《大别山红色文化传承创新的时代价值》,《红色文化学刊》2021年第3期。
③ 石磊:《大别山精神对决战决胜脱贫攻坚启示研究》,《理论建设》2020年第3期。
④ 汪季石、陈军:《"大别山精神"研究现状综述》,《黄冈师范学院学报》2020年第2期。
⑤ 周韵诗:《大别山精神融入高中思政课的当代价值及对策》,信阳师范学院,2022年。
⑥ 随佳玲:《大别山精神的当代价值及其实践路径研究》,河南农业大学,2022年。

史和文献研究院。同时,尽管国内学者们对大别山精神的研究已初
具规模,但从总体上看,发文机构之间、机构与作者之间以及作者与
作者之间的学术联系较弱,缺乏必要的沟通与协调,导致鄂豫皖三省
在大别山精神研究内涵表述方面各执一词。此外,进行大别山精神
研究的力量还主要以地方高校的学者和研究生为主。研究队伍不
强,对大别山精神的研究质量和水平造成制约。二是研究成果较少。
从中国知网和全国图书馆参考咨询联盟整理的数据看,目前大别山
精神的研究与党的精神谱系中其他精神的研究相比,无论是专著、史
料还是学术论文数量都显得不足,研究成果严重偏少,高水平研究成
果更是凤毛麟角。三是研究广度和深度有待提升。总体上看,大别
山精神的研究方法还比较单一,多元与综合的研究方法应用较少;研
究内容主要集中在大别山精神的科学内涵、时代价值以及弘扬等显
性方面,在有深度的哲学意蕴、有难度的历史研究等方面,涉及的还
比较少。

　　长期以来,学者们从不同侧面探讨提炼大别山精神的内涵,见仁
见智,一直未能形成共识,这也是影响大别山精神研究的一个重要问
题。因此,当前大别山精神研究的关键问题就是要提炼出普遍认可
的,特别是鄂豫皖三省都能够接受的大别山精神的文本表述。

　　综合目前研究的现状,为更好地提炼出普遍认可又符合大别山
革命实际的文本,需要突出三个方面。一是要全面准确反映大别山
精神的历史内涵。大别山革命斗争历史是党的光辉历史的重要组成
部分,涵盖党的新民主主义革命历史每个阶段,尽管在整体上看是呈
上升趋势,但也是曲折前进的。虽然每个阶段呈现出不同的革命特
点,沉淀出不同的精神特质,但是要在整体上呈现出党领导的新民主
主义革命的特点。二是要体现出大别山的地域性特征。大别山区的
革命斗争具有革命发端早、斗争区域广、坚持时间长、革命贡献大的
特点。五四运动前后,董必武、恽代英、林育南等一批较早接受共产

主义思想的先进知识分子,就开始在大别山地区传播马克思主义。1921 年夏,恽代英、林育南等在湖北黄冈成立共产主义性质的革命团体——共存社。鄂豫皖革命根据地是土地革命战争时期党创立的仅次于中央革命根据地的第二大革命根据地。全盛时期根据地总面积达 4 万多平方公里,建立 26 个县级革命政权。"村村有烈士,户户有红军,山山埋忠骨,岭岭皆丰碑",是大别山区人民普遍参与革命的真实写照。从 1921 年中国共产党成立到新中国成立,大别山人民前赴后继、屡仆屡起,坚持革命斗争。大别山地区是建党基地、建军基地、人才基地、中国革命转折之地,对中国革命的贡献巨大。三是要彰显出大别山精神的当代价值。大别山精神是党领导大别山人民在长期革命斗争实践中形成的理论总结和经验阐释,是大别山人民革命思想、意志、品质的高度凝练,也必将激励大别山区人民群众为实现中华民族伟大复兴的中国梦而奋斗。

(原载于《湖北行政学院学报》,2023 年 01 期)

大别山精神形成、内涵与弘扬

人无精神则不立，国无精神则不强。党的二十大报告指出"弘扬伟大建党精神，自信自强、守正创新，踔厉奋发、勇毅前行，为全面建设社会主义现代化国家、全面推进中华民族伟大复兴而团结奋斗。"①大别山精神是中国共产党精神谱系的重要组成部分，是新民主主义革命时期党带领大别山军民艰苦奋斗的真实写照，是激励中华民族砥砺前行的宝贵财富。

一、大别山精神的形成过程

鄂豫皖三省交界处的大别山，雄踞江淮间绵延数千里。它东瞰南京，西扼武汉。其余脉向西联结伏牛山、秦岭，向东南与皖南山脉隔长江对峙，战略位置极其重要，历来是兵家必争之地。从五四运动到中华人民共和国成立，在中国共产党的领导下，大别山军民不屈不挠，英勇奋斗，始终坚持反帝反封建的斗争不间断、党组织的活动不间断、武装斗争和革命根据地建设不间断，以大无畏的牺牲精神，为

---

① 习近平：《高举中国特色社会主义伟大旗帜　为全面建设社会主义现代化国家而团结奋斗——在中国共产党第二十次全国代表大会上的报告》，北京：人民出版社，2022年，第1页。

中国革命的胜利做出了不可磨灭的贡献,也因此孕育形成了大别山精神。

1. 建党前后的孕育。五四运动前后,董必武、陈潭秋、恽代英等早期马克思主义者就在武汉利用创办书社、学校为阵地和掩护,传播马列主义,建立共产主义小组。经过董必武等人的启迪,黄安的戴季伦、曹学楷、郑位三、江子英、陈定侯等一批又一批进步学生,纷纷去武汉、北平等地寻求新的革命知识,然后又将新文化、新思潮传播到自己的家乡。在大别山及周边地区,介绍、研究、宣传马克思主义和各种社会进步思潮,在广大青年和进步知识分子中成为一股潮流。各种学习和研究团体陆续出现,集合了一大批进步青年学生和知识分子,并通过进步团体的活动,走向社会。一些在外地上学的青年学生,不断将介绍马克思主义和各种社会主义思潮的进步书刊传入家乡,使大别山区成为马克思主义的重要传播地。董必武、陈潭秋、恽代英、林育南等,通过创办阵地,宣传革命思想,培养革命骨干。在皖西,1918 年,陈独秀在霍邱讲学,揭露帝国主义和封建军阀的罪行,号召青年学生和各界人士冲破旧思想的束缚,革新教育和政治。在他的影响下,六安省立第三甲种农业学校进步教师朱蕴山于 1920 年组建"中国革命小组",学习、研究进步书刊,研究马克思主义思想。朱蕴山主编的《安庆平议报》以评议安徽政局,推动安徽反帝反封建的爱国运动为宗旨,宣传革命思想积极支持全省教职员联合会和全省学生联合会。霍山县燕子河溪小学在校长徐守西、教师刘长青的倡导下,成立马克思主义学习小组,宣传马克思主义。1921 年 1 月,高语罕编写《白话书信》,这是皖西地区最早最系统传播马克思主义的课本。在豫东南,北京大学学生尚钺等人于 1920 年 8 月成立罗山青年学社,购进大量马克思主义经典著作和进步刊物供学员研究。进步知识分子高擎宇在河南信阳县杨柳河陈家庙小学成立"实现生活社",并以"吸收新文化为宗旨",引导社友们积极投身于新文化运动的激流中。1920年冬,"互助社"和信阳柳林学校合作办学,许多学生纷纷加入"互助社",并以此为桥梁与恽代英及湖北进步团体建立起联系。与此同时,在五四运动的影响下,鄂东、豫南、皖西各地迅速掀起了前所未有的、以青年学生为主导、各阶层群众参与的反帝爱国群众运动,大别山及周边地区反帝反封建的民主革命斗争逐步发展。在此过程中,逐步孕育了大别山精神。

2. 土地革命战争时期的逐步形成。八七会议后,大别山地区的共产党人高举武装斗争旗帜,先后举行了黄麻起义、商南起义、六霍起义等系列武装起义,并开辟了鄂豫边、豫东南、皖西三块革命根据地。1930年3月,中共鄂豫皖特别委员会建立,组成了中国工农红军第一军,开辟了长江以北的第一块红色区域——鄂豫皖革命根据地。随着革命武装的胜利开展,鄂豫皖军民连续粉碎了国民党针对苏区的三次"围剿",建立了黄安等二十余县的苏维埃政权,总面积约四万平方公里,人口达三百五十万,发展到达全盛时期,鄂豫皖革命根据地被中共中央列为全国六大根据地之一。1932年10月红四方面军主力撤离后,当地军民在极其艰难的环境下,依然继续坚持英勇斗争,不胜不休,大别山精神也逐步形成。

3. 抗日战争时期的逐渐成熟。卢沟桥事变后,大别山区的党和军队积极主动响应中央号召,积极开展抗日救亡运动,为武汉沦陷后迅速发动抗日游击战争、创建敌后抗日民主根据地做了准备。1938年10月,武汉会战结束,抗日战争进入战略相持阶段,成立后的中共豫鄂边区党委,积极在武汉外围开展敌后游击战争,并逐步实现了对豫南、鄂中、鄂东地区抗日力量的有效整合,推动豫鄂敌后游击战争进入新的阶段。在极其艰苦的环境和敌人空前扫荡的情况下,豫鄂边区多次粉碎日伪顽的进攻,积极推动抗日民主根据地创立,豫鄂边敌后游击战和敌后抗日民主根据地日益扩大。广大军民舍小家为大家、顾全大局、勇担前锋,团结一心,一致对敌。1940年,国民党顽固派在制造皖南事变的同时,加紧对豫鄂边抗日民主根据地的全面"清剿"。针对国民党这一卑劣军事行动,中共豫鄂边区党委和新四军豫鄂挺进纵队坚持抗争,不胜不休,积极推动大别山抗日民主根据地不断巩固和扩大,为实现抗战最终胜利准备了条件。各抗日民主根据地加强政权、经济、民众武装等一系列建设,巩固和扩大了敌后抗日根据地。特别是新四军第五师以及各抗日民主根据地有力地配合了八路军和新四军兄弟部队的敌后抗战,有效支援了国民党正面战场。这一时期,大别山精神也逐渐成熟,并成为大别山军民救国救民的重要精神支柱。

4. 解放战争时期的丰富和发展。1946 年 6 月,蒋介石悍然发动对中原解放区和中原部队的围攻,全面内战开始。在党中央的坚强领导下,中原部队顶住压力,粉碎了国民党 30 余万大军的包围,胜利实行了战略转移,并有力配合了其他解放区的作战。中原突围胜利后,留在大别山区的中共党组织和革命武装坚持游击战。游击部队从侧面配合了解放军在其他战场的对敌作战,而且聚集储备了一批久经考验的革命干部,保持了中共党组织在大别山区的革命基础,为刘邓大军南下大别山区,实施中共中央的军事战略,在敌人战略纵深地带迅速重建革命根据地,发展更广泛的人民解放战争准备了有利条件。1947 年,刘伯承、邓小平率领的晋冀鲁豫野战军主力 12 万人千里跃进大别山,揭开了解放战争战略进攻的序幕。1947 年 11 月,蒋介石以 14 个整编师共 33 个旅的优势兵力,对大别山区进行大规模"围剿",刘邓大军实施战略再展开,开辟了江汉、桐柏、淮西解放区,彻底粉碎了国民党军队的总体战。1948 年,刘邓、陈粟、陈谢三军会师后,彻底粉碎蒋介石的中原防御体系,恢复和扩大了中原解放区,大别山全境获得解放。大别山区人民积极恢复生产、剿匪反霸,努力巩固新生政权,为渡江战役贡献力量。这一时期,无论从党中央的全国布局还是大别山军民在党的领导下的坚持斗争,无论是反攻序幕的揭开还是解放后的恢复生产,都积极推动了大别山精神的丰富和发展。

二、大别山精神的丰富内涵

大别山革命斗争历史是党的光辉历史的重要组成部分,涵盖党的新民主主义革命历史每个阶段,具有鲜明的革命发端早、斗争区域广、坚持时间长、革命贡献大等特征,形成了"坚守信念、紧跟党走,顾全大局、勇担前锋,万众一心、团结奋斗,前仆后继、不胜不休"的大别山精神,具有丰富的内涵。

1. 坚守信念、紧跟党走。习近平总书记强调指出:"中国共产党是用马克思主义武装起来的政党,马克思主义是中国共产党人理想信念的灵魂。"①马克思主义是中国共产党人矢志不渝的坚定追求。坚守信念、紧跟党走是大别山精神的灵魂,是指大别山军民凭借坚定的理想信念、一心向党,在白色恐怖和极其困难的环境条件下坚守大别山,二十八年红旗不倒、二十二年武装斗争不断。凝结的是大别山军民对党忠诚、威武不屈、坚忍不拔的崇高精神,是大别山精神的核心所在。坚守信念、紧跟党走,就是要坚定马克思主义信仰。理想信念不动摇,就是坚定马克思主义信仰不动摇,把马克思主义信仰植入心田、融入血脉,把党的事业作为毕生的追求。比如:土地革命时期,国民党反动派鄂东北地区推行"宁可错杀一万个良民,不肯放松一个共产党员"②的反动政策,1925 年到 1927 年期间,在黄安县可查的农民就有 800 多人被杀、2000 多人流亡③;国民党河南省政府也接连下

---

① 《习近平谈治国理政》第 3 卷,北京:外文出版社,2020 年,第 74 页。

② 《鄂豫皖苏区历史简编》,武汉:湖北人民出版社,1983 年,第 6 页。

③ 胡菊莲:《鄂豫皖革命根据地货币史》,北京:中国金融出版社,1998 年,第 7 页。

令"停止一切民众团体活动""限定三日内破坏共产党机关"[1],河南确山县白色恐怖笼罩全县,捉拿红会领袖的标语到处遍布,国民党高额悬赏、疯狂缉拿共产党员;国民党反动派勾结民团组织在皖西北开展"反共队""清乡团",大肆逮捕、屠杀革命群众。如此白色恐怖环境下,大别山军民依然理想坚定、紧跟党走,"共产党是真正领导穷人革命的,一定要跟着共产党干到底。"[2]"山林岩洞是我的房,青枝绿叶是我的床,野菜葛根是我的粮,共产党是我的亲爹娘。"[3]至今流传的这首大别山区的民谣就是大别山军民坚守信念、紧跟党走的生动写照。

　　2. 顾全大局、勇担前锋。顾全大局,充分地反映出大别山军民坦荡胸怀和革命格局;勇担前锋反映出大别山军民听党指挥、敢为人先的革命品质。这是大别山精神的风格,强调的是革命战争年代大别山区党政军民顾全大局、勇字当头、敢为人先、不怕牺牲的崇高境界,彰显的是大别山军民在革命斗争中听党指挥、胸怀全局、奋勇争先的坚定意志,是大别山精神的动力所在。在建党初期,大别山腹地的红安人董必武、陈潭秋等就在武汉创建共产党支部,是国内 6 个中共早期党组织之一。同时,具有共产党早期组织性质的最早团体共存社也诞生在大别山腹地的黄冈。长征时期,红 25 军作为北上抗日的先锋队,成为中央红军的开路先锋。抗战时期的《哥哥去当兵》这首民谣更体现了大别山儿女为了抗战的需要舍小家顾大局,劝说丈夫去参军的深明大义:"哥哥你从军走,小妹妹实在难受,手拉着哥哥的手,送哥送在大门口。哥哥你离家去,男子汉要有志气,有几句知心话,要对哥哥说仔细。哥哥你莫要挂心,仇恨要记心里,谁叫那小

---

① 《鄂豫皖苏区历史简编》,武汉:湖北人民出版社,1983 年,第 6 页。

② 《鄂豫皖革命根据地》委员会:《鄂豫皖革命根据地》第 4 册,郑州:河南人民出版社,1990 年,第 22 页。

③ 红安县革命史编写办公室:《红安县革命史》,武汉:武汉大学出版社,1987 年,第 10 页。

日本,侵占中国把人欺。哥哥你不打他,他要把哥杀,谁甘心受欺凌,咱们和他拼了吧。哥哥你去当兵,千万要服从命令,新四军讲平等,切莫在外胡乱行。哥哥你去打仗,防抢要放准,一枪打一个,切莫放走东洋兵。哥哥你得了胜,捎封信到家门,全中国得太平,小妹妹多高兴。"①解放战争时期,为打破国民党的重点进攻,1947 年,中央军委决定实施"三军配合,两翼牵制"的战略方针,指示刘邓大军不要后方,直出大别山,完成了无后方依托、千里跃进大别山、插入敌人战略纵深腹地的空前壮举,使我军赢得了解放战争全局的主动,也使千里跃进大别山名垂青史。

3. 万众一心、团结奋斗。团结才能胜利,奋斗才会成功。习近平总书记指出"鄂豫皖苏区能够'二十八年红旗不倒'、新四军能够在江淮大地同敌人奋战到底,刘邓大军千里跃进大别山能够站住脚、扎下根,淮海战役能够势如破竹,百万雄师过大江能够气吞万里如虎,根本原因是我们党同人民一条心、军民团结如一人。"②万众一心、团结奋斗是大别山精神的品质,强调的是革命战争年代大别山党政军民一心向党、万众一心、团结奋斗,战胜艰难险阻的崇高情操,是大别山精神的底色所在。"小小黄安,人人好汉。铜锣一响,四十八万。男将打仗,女将送饭。"③这首《黄安谣》就生动反映了大别山军民万众一心、团结奋斗的精神。在鄂豫皖苏区时则形成了"男子去当红军,女子参加生产,童子站岗放哨"④的局面。这种军民同心、众志成城、团结一致的精神贯彻新民主主义革命的各阶段,是大别山区优秀从传统文化和革命文化相结合的体现。正是大别山党和军民团结一

① 信阳市非物质文化遗产保护中心:《信阳民歌》,开封:河南大学出版社,2010 年,第301 页。
② 习近平:《论中国共产党历史》,北京:中央文献出版社,2021 年,第47—48 页。
③ 中国工农红军第四方面军战史委员会:《中国工农红军第四方面军战史资料选编:鄂豫皖时期》上,北京:解放军出版社,1993 年,第398 页。
④《鄂豫皖革命根据地》(第一册),郑州:河南人民出版社,1989 年,第241 页。

致、万众一心,凝聚起人民战争的磅礴伟力,实现大别山 28 年红旗不倒的"团结精神"的生动写照。

4. 前仆后继、不胜不休。前仆后继、不胜不休是大别山精神的特质,是指革命战争年代大别山党政军民体现出的前赴后继、不达目的不罢休的斗争精神,是大别山精神的革命品质所在。大别山"28年红旗不倒,22 年斗争不断",靠的就是这种不胜不休的斗争精神。在革命战争年代,大别山区人民先后有 200 多万人参军参战,其中 36 万人英勇牺牲。开国大将的王树声,全家族为革命牺牲 17 人。开国大将的徐海东,全家族为革命牺牲 66 人。"一颗红心拿不去,头断血流不投降!"[1]即便在大革命时期的白色恐怖下,面对汪精卫集团的屠杀,大别山的共产党员仍高喊:"不是你死,就是我亡!""不打不能安身!""放炮都来! 各带刀矛!"[2]并在工农群众中传唱"反动统治,我们要推翻! 土豪劣绅,我们要杀完! 工农们,齐暴动,实现共产,同把身翻"[3]的歌谣。1934 年 11 月,红二十五军进行战略转移,国民党反动势力进入大别山展开疯狂屠杀。国民党为消灭大别山区的革命力量,提出"民尽匪尽"的方针,叫嚣要"铲除干净,绝尽根苗"。但大别山军民并没有就此退缩,而是勇敢地与国民党作斗争。解放战争时期,刘邓大军提出了"与鄂豫皖人民共存亡,使鄂豫皖人民获得解放"[4]的口号。大别山区在 28 年的革命战争之中,始终前仆后继、不胜不休,红旗不倒。无论是革命的高潮或者低谷,都信念坚定,坚持斗争,就是大别山精神前仆后继、不胜不休的"斗争精神"的生动写照。

---

① 红安县革命史编写办公室:《红安县革命史》,武汉:武汉大学出版社,1987 年,第 10 页。

② 《鄂豫皖革命根据地》第 3 册,郑州:河南人民出版社,1989 年,第 2 页。

③ 红安县革命史编写领导小组办公室编:《红安革命歌谣选》,武汉:武汉大学出版社,1986 年,第 39 页。

④ 中共信阳地委党史资料征编委员会:《刘邓挺进大别山史》,开封:河南大学出版社,1989 年,第 105 页。

"一寸山河一寸血,一抔热土一抔魂。"①大别山革命斗争史犹如一座巍峨的丰碑,镌刻在中国革命的画卷上,创造出的"坚守信念、紧跟党走,顾全大局、勇担前锋,万众一心、团结奋斗,前仆后继、不胜不休"的大别山精神,更是党和人民宝贵的精神财富。

三、新时代新征程要弘扬大别山精神

习近平总书记在考察鄂豫皖苏区时强调:"了解历史,才能看得远;永葆初心,才能走得远""革命胜利从来不是天上掉下来的,不是别人拱手相让的,而是用流血牺牲换来的。鄂豫皖苏区二十八年浴血奋战,二十万大别山儿女献出了宝贵生命"。② 大别山精神,就是无数革命烈士用鲜血和生命铸就而成,更激励着广大党员干部和人民群众沿着革命前辈的足迹继续前行,走好新时代的"赶考"之路。

1. 弘扬"坚守信念、紧跟党走"的初心精神。习近平总书记指出,"理想信念之火一经点燃,就永远不会熄灭。"③拥有马克思主义科学理论指导是共产党人的坚定信仰信念、把握历史主动的根本所在。大别山精神的形成过程就是党用马克思主义基本原理指导中国革命并不断推动马克思主义中国化时代化的过程。二十八年红旗不倒,二十二年武装斗争不断,就是大别山军民在党的坚强领导下,坚定理想信念,以信仰的力量激扬奋进力量,以理论的主动把握历史主动,取得了革命的胜利。新时代新征程更加需要坚定理想信念、紧跟党走。始终以党的创新理论滋养初心、引领使命,永葆初心、勇担使命。

2. 弘扬"顾全大局、勇担前锋"的奋斗精神。习近平总书记指出

---

① 这是 2016 年 4 月习近平总书记调研安徽金寨县时的讲话(参见:习近平:《论中国共产党历史》,北京:中央文献出版社,2021 年,第 108 页)。

② 习近平:《论中国共产党历史》,北京:中央文献出版社,2021 年,第 261 页。

③ 习近平:《论中国共产党历史》,北京:中央文献出版社,2021 年,第 39 页。

"人民对美好生活的向往,就是我们的奋斗目标。"①大别山军民的顾全大局、奋斗牺牲都是为了今天的美好生活。要推进中国式现代化实现中华民族伟大复兴,必须发扬奋斗精神。用新的伟大奋斗创造新的伟业,全党全国各族人民就要在党的旗帜下顾全大局、勇担前锋。只有顾全大局才能目标高远,只有勇担前锋才能追求卓越;只有真抓才能攻坚克难,只有实干才能梦想成真。只有奋斗才能成功,"新时代属于每一个人,每一个人都是新时代的见证者、开创者、建设者。只要精诚团结、共同奋斗,就没有任何力量能够阻挡中国人民实现梦想的步伐!"②

3. 弘扬"万众一心、团结奋斗"的团结精神。习近平总书记指出,团结是战胜一切风险挑战、不断从胜利走向胜利的重要保证。新征程是充满光荣和梦想的远征,面临的风险挑战更加艰巨,要进行具有许多新特点的伟大斗争,弘扬万众一心、团结奋斗的团结精神就愈加凸显,要求自觉做到思想上更统一、政治上更团结、行动上更一致,集聚起勠力同心、共创伟业的奋斗力量。弘扬"万众一心、团结奋斗"的团结精神就要放下私利,坚持实事求是、顾全大局,真正用好批评和自我批评,使党的团结更加有力;要凝聚共识、形成合力,求得最大公约数,画好最大同心圆,汇聚起实现中华民族伟大复兴的磅礴伟力。

4. 弘扬"前仆后继、不胜不休"的斗争精神。敢于斗争、善于斗争是中国共产党人的精神品质,这也是大别山精神的特质,表现出共产党人大义凛然、撼天动地的浩然正气。《中共中央关于党的百年奋斗重大成就和历史经验的决议》将"坚持敢于斗争"总结概括为党的十条重要历史经验之一,党的二十大在"三个务必"中强调要"敢于斗

---

① 《习近平谈治国理政》,北京:外文出版社,2014年,第424页。
② 《十九大以来重要文献选编(上)》,北京:中央文献出版社,2019年,第393页。

争、善于斗争"。百年历程中,党正是依靠斗争创造历史,更要依靠斗争赢得未来。新时代新征程,我们还会遇到无数个"大雪山""娄山关""腊子口",我们面临的各种斗争将是长期的,必须弘扬前仆后继、不胜不休的斗争精神,依靠顽强斗争打开事业发展新天地。

（原载于《学校党建与思想教育》,2023 年第 4 期,略有删改）

弘扬大别山精神

　　"一个国家、一个民族不能没有灵魂。"关于文化自信,《习近平谈治国理政》第三卷有着多处重要论述。碧血书丹青,英灵铸丰碑。在大别山区这片红色的土地上,无数革命先烈用鲜血和生命孕育了不朽的大别山精神,构成了红色文化的重要组成部分。

　　深入学习领会《习近平谈治国理政》第三卷相关重要论述,有助于我们进一步坚定中国特色社会主义文化自信,对于我们弘扬大别山精神具有重要意义。革命老区是党和人民军队的根,我们永远都不能忘记自己是从哪里走来的,永远都要从革命的历史中汲取智慧和力量。在实现中华民族伟大复兴的征程上,打赢脱贫攻坚战是当前全党上下的重要任务,更需要发扬大别山精神,啃下最后最难的"硬骨头",彻底拔掉"穷根"。

　　新民主主义革命时期,无论是革命的低潮或高潮,大别山军民始终义无反顾地坚持革命斗争不动摇。正是这种彻底的斗争精神,才确保了革命红旗不倒、薪火相传。也正是大别山军民不达目的、誓不罢休的精神,才使党带领革命群众面对异常艰苦环境,克服重重困难,最终赢下了伟大的革命战争。脱贫是一场党带领贫困群众与贫穷的彻底斗争,不能抱有任何幻想。必须彻底把贫困征服,彻底拔掉"穷根",才能真正脱贫,党才能带领贫困群众彻底走上幸福的康庄大道。

一心向党、永跟党走是大别山精神重要特点。在血雨腥风的革命年代，无论条件多么艰苦，局势多么复杂，大别山地区的军民一心向党，从不放弃对共产主义理想和社会主义革命事业的不懈追求。当前，脱贫攻坚处于打通"最后一米"的关键时刻，更需要发扬彻底的革命精神，坚定信心，一心跟党走，不歇脚、不懈怠，充分发挥党员干部的"主心骨"作用，一以贯之、一鼓作气打赢这场事关中华民族伟大复兴伟业的攻坚战。

中华民族伟大复兴，绝不是轻轻松松、敲锣打鼓就能实现的。全党必须准备付出更为艰巨、更为艰苦的努力。大别山区的革命史就是一部奋斗史。在艰苦革命岁月中，大别山军民在党的领导下，通过长期奋斗、艰苦奋斗、团结奋斗、不屈不挠奋斗，才赢得了革命的胜利。脱贫攻坚是一场在习近平新时代中国特色社会主义思想指引下，举全党全国之力、共同努力奋斗的时代"大决战"。虽然没有硝烟，但打好每一场战斗、实现每一个目标并不容易。因为脱贫攻坚是一场遭遇战、攻坚战，必须依靠彻底的奋斗才能赢得胜利。

可以说，没有大别山军民无私无畏的自我牺牲、彻底奉献，就不可能为全国革命的胜利打下坚实基础。"船到中流浪更急，人到半山路更陡"，在脱贫攻坚最吃紧的时候，更需要发扬"劲"不松、"神"不疲、"脚步"不止的实干奉献精神。扎实推进扶贫工作，必须增强责任感和使命感，艰苦奋斗、不计回报、无私奉献，想贫困户之所想，行贫困户之所向，真心实意为贫困户谋出路、谋幸福，扶真贫、见实效才能让贫困群众真脱贫。

习近平总书记强调，把红色基因传承好，确保红色江山永不变色。认真学习《习近平谈治国理政》第三卷，理应让广大党员、干部在接受红色教育中守初心、担使命，把革命先烈为之奋斗、为之牺牲的伟大事业奋力推向前进。新时代，面对百年未有之大变局和实现中华民族伟大复兴的战略全局,我们要弘扬大别山精神,让红色基因融入血脉,用红色精神激发力量,为彻底打赢脱贫攻坚战提供不竭精神动力,让大别山精神在新时代绽放出新的光芒。

(原载于人民网·理论频道,2020 年 10 月 13 日)

在弘扬大别山精神中传承红色基因

　　习近平总书记在党的二十大报告中明确指出了"弘扬以伟大建党精神为源头的中国共产党人精神谱系,用好红色资源"的战略要求。党的二十大闭幕不到一周,中共中央政治局常委集体专程前往陕西延安,瞻仰延安革命纪念地,重温革命战争时期党中央在延安的峥嵘岁月,缅怀老一辈革命家的丰功伟绩,宣示新一届中央领导集体赓续红色血脉、传承奋斗精神的坚定信念,也体现了我们党高度的文化自觉,彰显了我们党鲜明的文化立场。红色文化、红色资源是马克思主义中国化的文化成果,是中国共产党领导中国人民在革命、建设和改革开放实践中以马克思列宁主义为指导,吸收中外优秀文化养分所创造出来的先进文化、凝结的红色遗迹。在迈向第二个百年目标新征程、以中国式现代化全面推进中华民族伟大复兴的关键阶段,如何以习近平新时代中国特色社会主义思想为指导,在实现中华民族伟大复兴中国梦的生动实践中,如何不断深入挖掘红色文化的深刻内涵,更好承载共产党人精神遗传密码的红色基因,是新时代新征程赋予我们新的时代课题。

　　"人无精神则不立,国无精神则不强。"弘扬"坚守信念、紧跟党走,顾全大局、勇担前锋,万众一心、团结奋斗,前仆后继、不胜不休"的大别山精神,传承党的红色基因,有助于我们在新时代新征程上不断提升"悟思想"的境界、"办实事"的自觉、"开新局"的勇气,不断开拓建设社会主义现代化国家新局面。

传承坚守信念、紧跟党走的"初心精神"。习近平总书记强调,中国共产党人的初心就是为人民谋幸福,为民族谋复兴。理想信念是一个人的奋斗目标、精神支柱和前进动力。中国共产党人的理想信念,就是对马克思主义、共产主义的信仰,对社会主义的信念。"坚守信念、紧跟党走"是大别山精神"初心精神"的生动写照。"大悟山高,小悟山长。山岩石洞是我床,树皮野菜是我粮。任你敌人多猖狂,红旗不倒志如钢。三天不吃饭,照样打胜仗。"至今流传的这首大别山区的民谣就是真实的写照。"坚守信念、紧跟党走",就是要坚定马克思主义信仰。习近平总书记强调:"我们党是用马克思主义武装起来的政党,马克思主义是我们共产党人理想信念的灵魂。"理想信念不动摇,核心是马克思主义信仰不能动摇,坚定信念,紧跟党走。把马克思主义信仰植入心田、融入血脉,把党的事业作为毕生的追求。深入学习马克思主义理论,特别是习近平新时代中国特色社会主义思想,正确认识人类社会发展规律、共产党执政规律和社会主义建设规律,坚定捍卫"两个确立"、坚决做到"两个维护",始终牢记"三个务必",坚守初心使命、矢志担当作为,切实用党的二十大精神统一思想、统一意志、统一行动。

砥砺顾全大局、勇担前锋的"奋斗精神"。邓小平同志强调:"要提倡顾全大局。有些事从局部看可行,从大局看不可行;有些事从局部看不可行,从大局看可行。归根到底要顾全大局。"习近平总书记强调,必须牢固树立高度自觉的大局意识,自觉从大局看问题,把工作放到大局中思考、定位、摆布,做到正确认识大局、自觉服从大局、坚决维护大局。1947年,为打破国民党的重点进攻,中央军委决定实施"三军配合,两翼牵制"的战略方针,指示刘邓大军不要后方,直出大别山,完成了无后方依托、千里跃进大别山、插入敌人战略纵深腹地的空前壮举,使我军赢得了解放战争全局的主动,也使千里跃进大别山名垂青史。鄂豫皖苏区"家家有红军,村村有烈士,山山埋忠魂,岭岭书丰碑",就是大别山精神顾全大局、勇担前锋之"奋斗精神"的生动写照。党的十八大以来,以习近平同志为核心的党中央统筹中华民族伟大复兴战略全局和世界百年未有之大变局,统筹推进"五位一体"总体布局、协调推进"四个全面"战略布局,采取一系列战略性举措,推进一系列变革性实践,实现一系列突破性进展,取得一系列标志性成果,经受住了来自政治、经济、意识形态、自然界等方面的风险挑战考验,党和国家事业取得历史性成就、发生历史性变革。在实现中华民族伟大复兴的新征程上,必然会有艰巨繁重的任务,必然会有艰难险阻甚至惊涛骇浪,特别需要我们发扬顾全大局、勇担前锋的精神。

发扬万众一心、团结奋斗的"团结精神"。习近平总书记在参加党的二十大广西代表团讨论时强调:"团结才能胜利,奋斗才会成功。"能团结奋斗的民族才有前途,能团结奋斗的政党才能立于不败之地。只有万众一心、团结奋斗,事业才能成果。万众一心、团结奋斗是大别山精神"团结精神"的生动写照。"村村寨寨铜锣响,山山岭岭红旗扬。家家户户忙打仗,男女老少齐武装",正是大别山党和军民团结一致、万众一心,凝聚起人民战争的磅礴伟力,成为大别山二十八年红旗不倒的关键所在。习近平总书记在党的二十大报告中强调,要高举中国特色社会主义伟大旗帜,全面贯彻习近平总书记新时代中国特色社会主义思想,弘扬伟大建党精神,自信自强、守正创新,踔厉奋发、勇毅前行,为全面建设社会主义现代化国家、全面推进中华民族伟大复兴而团结奋斗。回首过去,中国共产党团结带领中国人民用伟大奋斗创造了百年伟业。放眼未来,中国共产党一定能团结带领中国人民用新的伟大奋斗创造新的伟业。新时代新征程,必须万众一心、团结奋斗,以中国式现代化全面推进中华民族伟大复兴。

　　坚持前仆后继、不胜不休的"斗争精神"。斗争精神是马克思主义政党的宝贵品格，是中国共产党的优良传统和作风，是中国共产党在困难和挑战面前表现出来的精神风貌。党的二十大报告明确提出"务必敢于斗争、善于斗争"。党的二十大闭幕不到一周，全体中共中央政治局常委瞻仰延安革命纪念地时，习近平总书记又特别强调，全党同志要发扬斗争精神、提高斗争本领，坚决战胜前进道路上的各种困难和挑战，依靠顽强斗争打开事业发展新天地。前仆后继、不胜不休是大别山精神"斗争精神"的生动写照。在革命战争年代，大别山老区人民先后有 200 多万人参军参战，其中 36 万人英勇牺牲，为此，大别山区成为"中国革命的重要策源地、人民军队的重要发源地"。"二十八年红旗不倒，二十二年斗争不断"。我们党依靠斗争走到今天，也必然要依靠斗争赢得未来。中华民族伟大复兴不是轻轻松松、敲锣打鼓就能实现的，前进路上，我们必须也只能依靠顽强斗争打开事业发展新天地，必须勇于进行具有许多新的历史特点的伟大斗争，准备付出更为艰巨、更为艰苦的努力。首先，各级党组织要不断提升斗争的勇气；其次，要加强干部斗争精神和斗争本领养成，注重在重大斗争中磨砺干部；最后，要练就干部的斗争方法、斗争策略。正如习近平总书记在 2022 年春季学期中央党校（国家行政学院）中青年干部培训班开班式上指出的："无数事实告诉我们，唯有以狭路相逢勇者胜的气概，敢于斗争、善于斗争，我们才能赢得尊严、赢得主动，切实维护国家主权、安全、发展利益。年轻干部一定要挺起脊梁、冲锋在前，在斗争中经风雨、见世面。"新时代新征程，我们要继续发扬斗争精神，增强斗争本领，踔厉奋发、勇毅前行，为实现中华民族伟大复兴而团结奋斗！

（原载于荆楚网，2022 年 12 月 16 日）

弘扬大别山精神凝聚奋进新征程的磅礴力量

党的二十大报告指出,"弘扬以伟大建党精神为源头的中国共产党人精神谱系,用好红色资源,深入开展社会主义核心价值观宣传教育,深化爱国主义、集体主义、社会主义教育,着力培养担当民族复兴大任的时代新人。推动理想信念教育常态化制度化,持续抓好党史、新中国史、改革开放史、社会主义发展史宣传教育,引导人民知史爱党、知史爱国,不断坚定中国特色社会主义共同理想"。鄂豫皖苏区是中国共产党在土地革命战争时期领导创建的根据地之一,新民主主义革命时期,党领导大别山军民创造了"二十八年红旗不倒"的革命奇迹,用鲜血和生命锻造了"坚守信念、胸怀全局、团结奋进、勇当前锋"的大别山精神。习近平总书记在河南考察时指出,"鄂豫皖苏区根据地是我们党的重要建党基地,焦裕禄精神、红旗渠精神、大别山精神等都是我们党的宝贵精神财富"。作为中国共产党人精神谱系重要组成部分的大别山精神,具有丰富的内涵和强大的感召力。我们要传承弘扬好大别山精神,赓续红色基因,在全面建设社会主义现代化国家、实现中华民族伟大复兴的新征程上继续书写新的辉煌篇章。

坚守信念、紧跟党走。这是大别山军民坚守革命理想信念与初心使命的生动写照。为了实现民族独立、人民解放，中国共产党及其领导的武装力量和革命群众，进行了推翻封建主义、帝国主义和官僚资本主义的长期革命斗争，用鲜血和生命在以大别山为中心的鄂豫皖三省交界的这片红色热土上铸就了革命奇迹。坚守信念、紧跟党走是大别山精神的灵魂，大别山军民凭借坚定的理想信念，在白色恐怖和极其困难的环境条件下坚持革命斗争，二十八年红旗不倒，每一次主力离开后仍有共产党人和革命群众坚守大别山，矢志不渝，愈挫愈勇，以悲壮牺牲造就苦难辉煌。"大悟山高，小悟山长。山岩石洞是我床，树皮野菜是我粮。任你敌人多猖狂，红旗不倒志如钢。三天不吃饭，照样打胜仗。"传唱至今的这首大别山区的民谣就是大别山精神坚守信念、紧跟党走的生动写照。只要理想信念在，党的事业一定会成功。习近平总书记指出："无论过去、现在还是将来，对马克思主义的信仰，对中国特色社会主义的信念，对实现中华民族伟大复兴中国梦的信心，都是指引和支撑中国人民站起来、富起来、强起来的强大精神力量。"理想信念不动摇，就是坚定马克思主义信仰不动摇，把马克思主义信仰植入心田、融入血脉，把党的事业作为毕生的追求。当今世界百年未有之大变局加速演进，国际经济、政治、科技、文化、安全等格局正在发生深刻调整，国际环境的不稳定性和不确定性进一步加剧。我国正处于实现中华民族伟大复兴的关键时期，虽然发展长期向好的基本面没有变，但面临的问题和挑战依然复杂。风险越大、挑战越多、任务越重，就越需要坚守信念、锤炼品格，越需要赓续精神血脉，补足精神之钙，筑牢党性之魂。无论什么时候，共产党人都必须"不忘初心"，不能忘记红色政权是怎么来的、新中国是怎么来的、今天的幸福生活是怎么来的。无论面对任何风险挑战，都必须发扬红色传统、传承红色基因，永葆党的性质和宗旨，确保红色江山永不变色。

　　胸怀全局、甘于奉献。这是大别山军民大局意识和奉献精神的生动反映。革命战争年代，大别山区党政军民顾全大局、甘于奉献、勇字当头、敢于牺牲，在生死关头坚决听从党的指挥，向党中央看齐，一切从全国战略大局出发，一切服从革命大局的需要，克服一切艰难险阻，调动一切积极因素，动员一切有生力量，主动配合完成重大战略行动。按照党中央战略部署，中原军区部队从解放战争全局出发，在大别山区进行十个月的战略坚持后，又承担了在鄂豫川陕甘地区机动作战创建根据地、牵制国民党大批军队、配合华北和华中解放军主力作战的新任务。毛泽东同志评价道："中原解放军以无比毅力克服艰难困苦，除一部已转入老解放区外，主力在陕南、鄂西两区，创造了两个游击根据地。此外，在鄂东和鄂中均有部队坚持游击战争。这些极大地援助了和正在继续援助着老解放区的作战，并将对今后长期战争起更大作用。"为打破国民党的重点进攻，中央军委决定实施"三军配合，两翼牵制"的战略方针，指示刘邓大军千里跃进大别山、插入敌人战略纵深腹地的壮举，使我军赢得了解放战争全局的主动。鄂豫皖苏区"家家有红军，村村有烈士，山山埋忠魂，岭岭书丰碑"，就是这种顾全大局、甘于奉献伟大精神的生动反映。"路虽远，行则将至；事虽难，做则必成。"每个党员无论在哪个地区、哪个领域、哪个层级工作，都是全党事业大局的有机组成部分，都要学会立足整体、统筹全局开展工作，跳出一时一事、一地一己的局限，自觉服从顾全全党的事业大局，勇于和危害大局的思想和行为作斗争。

团结奋进、万众一心。这是大别山军民团结、同心奋斗精神的底色所在。习近平总书记在安徽考察时指出："鄂豫皖苏区能够二十八年红旗不倒，新四军能够在江淮大地同敌人奋战到底，刘邓大军千里跃进大别山能够站住脚、扎下根，淮海战役能够势如破竹，百万雄师过大江能够气吞万里如虎，根本原因是我们党同人民一条心、军民团结如一人。"革命战争年代，大别山区党政军民万众一心、团结奋斗，共同战胜艰难险阻。"村村寨寨铜锣响，山山岭岭红旗扬。家家户户忙打仗，男女老少齐武装"，大别山党政军民团结一致、万众一心，凝聚起人民战争的磅礴伟力。能团结奋斗的民族才有前途，能团结奋斗的政党才能立于不败之地。中华民族伟大复兴绝不是轻轻松松、敲锣打鼓就能实现的，必须永葆团结奋斗的昂扬精神，勇于进行具有许多新的历史特点的伟大斗争，才能应对重大挑战、抵御重大风险、克服重大阻力、解决重大矛盾，做到乱云飞渡仍从容、不惧风雨勇向前。我们靠团结奋斗创造了辉煌历史，还要靠团结奋斗开创更加美好的未来。新征程上，我们要继续高举团结的旗帜，继续保持党同人民群众的血肉联系，万众一心，凝聚一往无前的力量，推动中华民族伟大复兴的航船乘风破浪、扬帆远航。

勇当前锋、不胜不休。这是大别山军民斗争精神与开拓勇气的集中体现。敢于斗争是中国共产党人的鲜明品格，中国共产党在斗争中诞生、在斗争中发展、在斗争中壮大。鄂豫皖苏区是仅次于中央苏区的第二大革命根据地，在这片热土上，诞生了红四方面军、红二十五军、红二十八军等勇猛威武、能征善战的红军部队，走出了徐海东、王树声、许世友等叱咤风云、功勋卓著的开国将领。解放战争时期，这里是刘邓大军千里跃进大别山的落脚地。在革命战争年代，大别山党政军民前赴后继、不胜不休，先后有 200 多万人参军参战，其中 36 万人英勇牺牲。"一寸山河一寸血，一抔热土一抔魂。"党领导人民在大别山进行英勇斗争的英雄事迹，犹如一座巍峨的丰碑，永远镌刻在中国革命的史册上。党的十九届六中全会通过的《中共中央关于党的百年奋斗重大成就和历史经验的决议》指出"敢于斗争、敢于胜利，是党和人民不可战胜的强大精神力量"。中国共产党立志于中华民族千秋伟业，致力于人类和平与发展的崇高事业，责任重大、使命光荣。习近平总书记在党的二十大报告中强调，"全党同志务必不忘初心、牢记使命，务必谦虚谨慎、艰苦奋斗，务必敢于斗争、善于斗争"。大别山精神，集中体现了党的坚定信念、根本宗旨、优良作风和斗争精神,为立党兴党强党提供了丰厚精神滋养,是党的宝贵精神财富。建功新时代,奋进新征程,弘扬大别山精神,传承红色基因,永远激励我们不忘初心,牢记使命,敢于斗争,开拓进取,为实现中华民族伟大复兴而不懈奋斗。

（原载于《光明日报》,2023 年 3 月 31 日）

不胜不休：大别山精神的特质

　　任何一个时代的精神都由其背后的历史时间所决定。创造了"二十八年红旗不倒"革命奇迹的大别山革命斗争实践是中国革命的历史丰碑,而支撑"二十八年红旗不倒"革命实践的大别山精神集中表现为不胜不休的彻底性。这种不胜不休的彻底性在大别山革命斗争中集中体现为彻底的革命精神、斗争精神、奋斗精神和献身精神。

　　彻底的革命精神。大别山精神之彻底的革命性首先体现为对自我的革命。近代中国闭关锁国的社会环境、腐朽的封建制度及礼教禁锢了广大中国人民的思想。为了实现自我解放,大别山早期先进分子从思想认知、阶级身份、革命实践上对自己进行改造,实现了从激进民主主义者向坚定马克思主义者的转变。大别山的革命先烈也深知自我革命的最终目的是要对整个旧社会进行摧枯拉朽式的改造。在中国共产党人的领导下,大别山人民以马克思主义的革命观为指导,不再局限于以往的破旧俗、除迷信、拆庙宇,而是对封建经济制度、政治制度、文化制度进行全面、持续性的废除,从根本上奠定了人民解放的社会基础。可以说,正是这种彻底的革命精神才促成了中国社会的历史转变。

　　彻底的斗争精神。大别山精神之彻底的斗争性集中体现在"不胜不休"上。大别山的革命道路从无到有、从小到大、从模糊到清晰,贯穿其中的是大别山人民彻底的斗争精神，不胜不休。"敢不敢斗争，要不要斗争"是大别山人民首先需要解决的自我斗争问题。最初是简单的物质诉求，为求温饱、生存而采取小范围的、被动式的、偶发式的斗争。在马克思主义的熏陶下，大别山人民开始懂得了"人民受苦受难"的根源，"农友们，赶紧组织起来，组织在集中统一旗帜下，以寻找我们的生路"，毅然决然地走上了斗争的道路。再到明确"向谁斗争、从哪些方面斗争"这一关乎革命道路的根本问题，都体现了大别山精神彻底的斗争性。正是具有了这种彻底的斗争精神，大别山人民在中国共产党人的带领下，为推翻压迫在身上的"三座大山"，进行了一系列艰苦卓绝的斗争。

彻底的奋斗精神。从1921年中国共产党诞生到1949年新中国成立，大别山人民始终怀着对革命必胜的坚定信念和对新中国的美好向往，前赴后继，不胜不休，浴血奋战。可以说，大别山区人民的革命斗争史就是党领导人民群众艰苦奋斗的历史。无论是土地革命战争时期，还是抗日战争和解放战争时期，大别山人民都竭尽所能支援革命，为中国革命的胜利作出了巨大牺牲。同时，大别山人民还通过奋斗去争取自己的幸福生活。无论是最早的董必武等以师带徒的方式宣传马克思主义，还是发动当地具有思想觉悟的群众通过办学校、办社刊、组织宣传队、张贴标语等方式积极传播马克思主义；无论是从1929年6月开始颁布鄂豫皖地区第一部土地法令，通过土地获得物质保障，还是1947年刘邓大军进入大别山再次掀起土地改革运动，使得大别山广大农民最终获得土地；无论是大别山地区的党和军队主动与国民党地方当局在安徽岳西县谈判，促成大别山地区抗日民族统一战线的形成，还是为建立代表广大人民意志的民主政权，大别山人民从1930年鄂豫皖苏维埃政府成立，到1949年新中国成立，始终奋斗在探索社会主义政治模式的道路上。正是这种彻底的奋斗精神才实现了大别山人民美好的愿景，深刻道出了"伟大梦想不是等得来、喊得来的,而是拼出来、干出来的"实践真谛。

彻底的献身精神。在长达 20 多年的斗争实践中,革命武装"五进五出",大别山地区革命向当地人民抛出小我与大我、忠与效、利益与真理关系处理的二难选择,然而勇敢无私的大别山儿女以彻底的献身精神给予了回答。面对国民党反动派疯狂的军事进攻、日寇的残忍军事侵略,无数大别山儿女选择了舍小家为大家,母亲送儿子、妻子送丈夫奔赴战争前线。在革命战争年代,大别山区有 200 万人投身革命,近 100 万人捐躯。革命时期的安徽金寨县"家家有红军、户户有烈士、山山埋忠骨、岭岭皆丰碑"。在"忠"与"孝"两难间,大别山父老乡亲明白"天下至德,莫于大忠"的道理;在"利益"与"真理"关系的抉择中,大别山儿女前赴后继,选择了为革命真理而献身。

(原载于《中国社会科学报》,2019 年 7 月 1 日)

弘扬工匠精神，逐梦制造强国

　　日前，江西省政府对在 2022 年世界技能大赛特别赛中获得金牌的匠人李德鑫奖励人民币 30 万元。在这次世界技能大赛特别赛上，李德鑫代表中国获得家具制作项目的金牌，也是中国自参加世界技能大赛以来家具制作项目的首枚金牌，因此备受关注。

　　李德鑫出生于大山里，家乡南康有着"木匠之乡"等美誉。他几十年如一日追求家具之美、木工之专，"每当把一块块平淡无奇的木头，变成一件件精美的家具艺术品时，就感觉内心得到巨大的满足，有一种莫名的成就感。""心心在一艺，其艺必工；心心在一职，其职必举。"这种执着专注、精益求精、一丝不苟、追求卓越的工匠情怀值得大力传承和弘扬。

　　"择一事，终一生。"工匠情怀是一种对劳动的坚守和热爱。正如习近平总书记所说："劳动是财富的源泉，也是幸福的源泉。人世间的美好梦想，只有通过诚实劳动才能实现；发展中的各种难题，只有通过诚实劳动才能破解；生命里的一切辉煌，只有通过诚实劳动才能铸就。"干一行爱一行，在干中增长技艺与才能，养成"择一事终一生"的执着专注，"干一行钻一行"的精益求精，"偏毫厘不敢安"的一丝不苟，"千万锤成一器"的卓越追求，劳动的价值才能得到最大程度的体现。

　　"天下大事,必作于细。"弘扬工匠精神,离不开文化支撑。唯有心无旁骛,把技艺的精准、精细视为艺术、视为生命,才能在本职岗位上坐得住、做得好,乃至精至善。要铸匠艺,需要一丝不苟、精益求精的价值追求、认真精神。中央电视台《大国工匠》纪录片中讲述的24位大国工匠故事中,最令人深刻的细节就是他们对匠艺永无止境的追求与超越。比如匠人彭祥华,能够把装填爆破药量的呈送控制在远远小于规定的最小误差之内;高凤林,我国火箭发动机焊接第一人,不仅把焊接误差控制在0.16毫米之内,而且将焊接停留时间从0.1秒缩短到0.01秒……先修"心境"而后方达"技境"正是匠心文化的体现。厚植工匠文化,既要大力弘扬优良传统,又应将优秀工匠的精神赋予新的时代内涵中,让尊重劳动、尊重创造成为社会共识。

　　当今世界竞争归根到底是人才的竞争、劳动者素质的竞争。习近平总书记强调:"我国经济要靠实体经济作支撑,这就需要大量专业技术人才,需要大批大国工匠。"实践充分证明,技术工人队伍是支撑中国制造、中国创造、中国建造的重要基础。全面建设社会主义现代化国家、实现中华民族伟大复兴的中国梦必须大力弘扬工匠精神,培养更多高素质技术技能人才。因此,各级各地应加大制度创新、政策供给、投入力度,进一步畅通技能人才发展渠道,提高技能人才待遇水平,完善技能人才激励政策,提高技能人才社会地位;应大力发展技工教育,积极开展职业技能培训;应加大教育引导力度,树立工匠典型,在全社会形成尊重劳动、崇尚劳动的良好氛围,让工匠精神深入人心。

　　习近平总书记指出:"创新是一个民族进步的灵魂,是一个国家兴旺发达的不竭动力。"一个民族的创新离不开技艺的创新。小到一枚螺钉、一根电缆的打磨,大到运载火箭、载人飞船等大国重器的建造,都不仅要有娴熟的技能,而且要有技术的创新。技术创新,是对现有技艺的大胆革新,是重细节、追求完美,把技艺的精准、精细视为生命的执着。以这样的执着精神，笃实专一、心无旁骛，不断提升技艺、提升自我，才能达到"技可进乎道，艺可通乎神"的境界。

　　"器物有形，匠心无界。"党的二十大擘画了未来五年乃至更长时期的宏伟蓝图。奋斗新时代、奋进新征程，务须在全社会营造劳动光荣的社会风尚和精益求精的敬业风气，培养更多技能人才、能工巧匠、大国工匠。期待各地以重奖技术能手等政策为导向，在全社会大力传承和弘扬工匠精神，把工匠精神倾注于一个个零件、一道道工序、一次次试验之中，用精神凝聚动能，用实干成就梦想。

　　　　　　　　　　（原载于《光明日报》，2023 年 1 月 18 日）

图书在版编目(CIP)数据

真理的力量/岳奎著. —上海:上海三联书店,
2024.12. —ISBN 978 - 7 - 5426 - 8706 - 7

Ⅰ. D26 - 53

中国国家版本馆 CIP 数据核字第 2024A1D191 号

真理的力量

著　者／岳　奎

责任编辑／郑秀艳
装帧设计／一本好书
监　制／姚　军
责任校对／王凌霄

出版发行／上海三联书店
　　　　　(200041)中国上海市静安区威海路 755 号 30 楼
邮　箱／sdxsanlian@sina.com
联系电话／编辑部: 021 - 22895517
　　　　　发行部: 021 - 22895559
印　刷／上海盛通时代印刷有限公司

版　次／2024 年 12 月第 1 版
印　次／2024 年 12 月第 1 次印刷
开　本／890 mm × 1240 mm　1/32
字　数／210 千字
印　张／8.125
书　号／ISBN 978 - 7 - 5426 - 8706 - 7/D・661
定　价／68.00 元

敬启读者,如发现本书有印装质量问题,请与印刷厂联系 021 - 37910000